刑事辩护参考

杜均品 于丽玲 著

东南大学出版社
SOUTHEAST UNIVERSITY PRESS
·南京·

图书在版编目(CIP)数据

刑事辩护参考 / 杜均品,于丽玲著. —南京:东南大学出版社,2016.1

ISBN 978-7-5641-5452-3

Ⅰ.①刑… Ⅱ.①杜… ②于… Ⅲ.①刑事诉讼—辩护—案例—中国 Ⅳ.①D925.215.05

中国版本图书馆 CIP 数据核字(2015)第 252696 号

刑事辩护参考

出版发行	东南大学出版社	
出 版 人	江建中	
责任编辑	胡中正	
社　　址	南京市四牌楼 2 号	
邮　　编	210096	
经　　销	各地新华书店	
印　　刷	扬中市印刷有限公司	
开　　本	700 mm×1000 mm　1/16	
印　　张	15.75	
字　　数	180 千字	
版 印 次	2016 年 1 月第 1 版　2016 年 1 月第 1 次印刷	
书　　号	ISBN 978-7-5641-5452-3	
定　　价	38.00 元	

* 本社图书若有印装质量问题,请直接与营销部联系,电话:025-83791830。

我们的梦想

就是让每一个犯罪嫌疑人、被告人

都请得到优秀的刑事辩护律师！

誓　言

　　律师的天职就是忠诚于当事人,同时诚信于社会。这正是杜均品律师团成员誓死坚守的信仰。

　　我们坚守忠诚。忠诚是永恒的,只要是我们的客户,永远都不得为可能导致客户不利的行为。我们将以我们的专业知识和敬业精神,为客户提供周全的法律服务。为企业担任法律顾问,保守企业的商业秘密,决不参股或变相性参股从而谋取律师费以外的收益;代理客户诉讼,一切以当事人的利益和意思为重,决不私自或变相性私自与他人来往,损害当事人利益,或者谋取律师费以外的收益;担任辩护律师,一切辩护策略和行为,必须是最有利于当事人的生命、自由和财产的保卫,决不允许为了谋取私利或避害,而以作为或不作为方式损害当事人的权益。

　　我们坚守诚信。坚守诚信,是对客户利益最大的保护。诚信,在法庭之上,也在法庭之外。我们不引导、帮助客户从事不诚信的行为;我们诚恳的告知客户事实、法律、风险,还有我们的收费。

　　我们将收取的律师费,取决于我们为此付出智慧、时间的多少,与当事人的财富、自由、生命无关。但如果是贫穷的人,我们愿奉献我们的智慧和时间。

　　杜均品律师团的成员,谨记待人常怀感恩和怜悯之心;律师是一颗善良的种子,引人为善;律师是一份高尚的职业,是一份奉献的事业。

——杜均品律师团

推荐序 1

律师应走向刑事法庭

古人云："天下之事，不难于立法，而难于法之必行。"法律的生命力在于实践，而律师无疑是司法实践中的一个重要群体。有人将律师比喻为维护正义的忠诚卫士、国家法律的捍卫者。也有人将律师比喻为"公众的仆人"、"生活的必需品"。从民事代理、行政诉讼、刑事辩护，到参与创新社会管理、化解矛盾纠纷等等方面，律师都发挥着积极有为的作用。

刑事辩护律师作为律师界的一个典型的缩影，他们接受当事人的聘请，在履行刑事辩护律师神圣职责的过程中为当事人与公检法机关建立了一座互通的桥梁，他们为当事人辩护，并不等于为其开脱罪责、逃避法律，而这其中刑事辩护律师为实现社会正义所做的努力也总是让人充满着敬意。

我是一位刑法学者，作为兼职律师，我曾在广州办理一起刑事案件，杜均品律师担任同案其他人的辩护人，并兼任我的助手。合作下来，他勤奋好学、法律功底扎实、思维缜密，给我留下了深刻的印象。刚刚看完他的这本名为《刑事辩护参考》的书稿，想略说几句。杜均品律师作为律师界的新锐，在这本书里，他把从业路上的艰辛探索融入刑辩路上的执着追求，站在一个高度对自己执业历程的得与失进行总结，清晰完整地讲述了刑事辩护的整个过程，将这样一个相当艰深的领域表述得条理秩然，并且引人入胜。我觉得这仅靠勇气显然是不够的，其背后的才华、性情、功底、勤奋也是不容忽视的。所以，在我看来，这本书是杜均品律师积近十年之功而成的心血之作。我也相信任何接触这本书的人都能在阅读中享受到精神上的愉悦，并发现刑事辩护的迷人之处。我国法学大师、我所十分尊敬的江平先生曾向律师界号召说，我们的律师应该走向政治！这无疑是需要的，现代国家是法治国家，现代法治国家和社会中律师所扮演的角色举足轻重。但同时我也想说，当今中国，我们的律师首先应该走向法庭，尤其是走向刑事法庭，这是律师的首要职责和使命！由此，我想把这本书推荐给所有对刑事辩护感兴趣的朋友们！并祝福杜均品律师及像他一样所有年轻有为的刑辩律师取得更大的成绩！

是为序！

赵秉志

2015.12.18 于北京

推荐序 2

谨读均品先生和丽玲女士的心血大作《刑事辩护参考》，仿佛和作者一起亲历了其职业生涯中经历的各类刑事案件的辩护过程，在庄严肃穆的法庭，运用自己深厚的法学基础理论，依据准确适用的法律规定，凭借自己丰富的办案经验和辩护技巧，一次次地维护受托当事人的合法权利。

读着这本书，我想起了均品先生大学时代的一些往事，当年他就读法学本科时，学习特别用功，总是能特别理性而又满怀激情地投入学习，深知法科学习需重实践操作，他主动请我为他联系暑期的实习，安排到他家乡所在法院实习。他珍惜短短的实践学习机会，时时向法院的指导老师虚心讨教，并大胆提出自己看法和老师讨论，暑假学习归来，他带给我厚厚一本整理过的案件判决书复印件和一些他手写的案件总结，说给我作为实践教学的素材，然后给我了一个特别灿烂的笑容。当时我想，这么善良细心、阳光向上的青年，他的明天一定和他的笑容一样灿烂。

时光荏苒，均品先生完成学业以后，从事自己热爱的律师工作，近十年时间，代理刑事辩护案件数百件，形成了自己独特的刑事辩护风格，其深厚的专业功底、勤勉的工作精神深得当事人信任的同时,亦为司法工作人员高度认可。在实务之余,均品先生对理论学习和专业写作也投入了大量的精力,现在他和丽玲女士联名写作出版的《刑事辩护参考》,总结了他这些年从事刑事辩护的经验和对中国刑事法律的独到见解,内容丰富、逻辑严密、语言流畅,不失为从事或将欲从事法律实务人士的参考良书,也是修习法科人士学习实务操作的实用好书。

我谨郑重地向广大读者推荐这部好书。

曹红冰

2015. 12. 2 于长沙

自序 1

　　2007年有幸跟随广东南方福瑞德律师事务所文超主任律师学习刑事辩护。一路走来,他手把手的教我,从每个字、每个词到每个语句的表达,他将多年的执业经验毫无保留地传授于我。他不只是教授我执业技巧,更重要的是,他把他所领悟的、所坚守的辩护律师的魂,通过言传身教的方式树立了我的核。在跟随师傅这些年来,我一方面"真刀实枪"办案件,另一方面也在不断反省总结。

　　师傅曾在我入行时对我提出过两点要求:一是对当事人始终保持一颗怜悯之心;二是让我像他无私的帮助我一样,帮助有志于入行刑事辩护的人。我一直体味着,追索着,实践着这两点。也正因为这两点,让我萌生了撰写《刑事辩护参考》的冲动。我想揭开刑事辩护的神秘面纱,以通俗的语言告诉当事人,你花钱请的辩护律师应该做些什么,如何判断他做到了没有。把判断辩护律师工作是否合格的标准,告诉当事人,我想是对当事人,乃至每个人,最大的怜悯。

　　其实,行走于人世间,每个人都存有潜在的刑事风险。如何在茫茫人海的律师界中寻觅到一位优秀的刑事辩护律师是当事人刑事诉讼路上将遇到的一件焦虑事。如何去选择刑事辩护律师、如何去评价刑事辩护律师的工作是否合格是当事人的主要诉求。鉴于此,我想通过此书说出自己的标准,这种标准既不是高谈阔论的纸上谈兵,也不是权威发布的咄咄逼人,而是承传师傅多年执业经验的心血总结,多年刑辩之路的内心体味,我将在看得见、摸得着的行为衡量标准的表述中,与普通民众分享一名刑事辩护律师的所思所想所感所为,启发普通民众与其临刑事辩护风险之渊而焦躁不安,不如退而掌握刑事辩护知识结系统之网,把一名刑辩律师最深沉、最真实的爱与怜悯呈现于当事人。也想以此告诉入行的刑辩律师,刑事辩护就是那么回事,远方就在那里,但路需要一步一步地去走。

在 2013 年,我用了近半年的时间写完这些年刑事辩护的心得体会,同时也把自己办理过的自认为还可以的案例汇聚于此,结集成册。

当然,若能使读者在阅读后有些许的收获,我想这将是对我及我背后为出版此书付出汗水、心血的家人、老师、朋友、编辑的最大鞭策和鼓励!

期待每一位读者的宝贵意见。谢谢!

是为序。

杜均品

2015. 11. 29 日于广州

自序 2

　　20 世纪奥地利文学大师卡夫卡的《法律门前》为我们描绘了法律坚固门的形象：在法律门前站着一个守门人，一个乡下人来请求让他进去，可守门人没有答应。于是乡下人就坐在大门前，等待守门人的允许，长年累月的苦等，终其一生，直至临死，也未能如愿，却明白了法律对于生活在底层的人来说，是一个遥不可及的梦，只能感叹"法律有门，无门可进"。极具讽刺意味的乡下人所面临的困境，用于描述当事人面对刑事辩护手足无措的心态恰如其分。如何让普通民众都能享受到法律至上的荣光，体会到刑事辩护律师的智慧与技艺，让刑事辩护不是悬浮于事实的高傲，而是潜于事实之中的有章可循，让深邃的理论转为有趣的文字，把枯燥的专业词汇进行通俗准确化的表达，吸引从法律人到普通百姓，不同层次、不同年龄的读者，最终揭开刑事辩护神秘面纱，是这本书的创作初衷。

　　很高兴，杜律师做到了，他以一名执业律师犀利的眼睛去发现刑辩世界的种种，却以一种幽默生动的手法落笔，并始终保持了一名法律人的纯粹。我时常在想，行走于刑辩界多年清晰目睹种种现状之后并且勇敢言说，这是何等的勇气和情怀？

其实，直到今天，我依然不知道杜律师是如何在威严的法庭上发出自己作为刑事辩护律师强劲的声音，为捍卫受托于己的当事人的权利而全力以赴，是如何做到将一件件棘手的案件做到游刃有余？我只知道，他在与我处于同一平行的时间段里，付出了于我数倍的勤奋努力和夜以继日深钻案例的辛劳。我也不知道在"胜者为王、败者为寇"的功利性律师办案水平评判标准面前，杜律师是如何消解刑辩路上遭遇的困顿、失意或无奈？我只能在他的文字表述中，感受他已将刑辩律师的职责化为自己血液的一部分，以战士般认真、执着之态，以罗马辩士睿智、谋略之技，去迎战每一次庭审，去打好每一场"战役"。

值此书付梓之际，我写下关于这本书的内心所感及我所认识的杜律师，不是为勾起你无限的好奇，只为告诉你，在这个深缈高冷的刑辩世界里，一位普通的执业律师用自己的纯粹善良与苦口婆心带领我们走过一段深刻的刑辩之旅，他的总结成全了我们的信手捏来，他的反思也成为我们参考的明镜。

谢谢杜律师！

也谢谢大家！

于丽玲

2015. 12. 5 于南京

目 录

上 篇

文 集 篇

寻找辩护律师的那些事儿
——伯乐与千里马

作为普通百姓，要把自己的财产、自由乃至生命托付给某一个辩护律师，这需要无限的智慧和勇气，特别是在一个缺乏信任、缺乏安全感的社会。我见过不少当事人聘请辩护律师，但又不相信辩护律师，处处猜疑；也见过辩护律师利用当事人的信任，漫天要价，任意宰割。当然见得最多的，还是辩护律师与当事人之间相互信任、共同努力，追求到一个好的结果。所以，辩护律师与当事人之间的信任度、忠诚度，是一个永远扯不清、理还乱的问题。但这是一个案件成败的基础，尤为重要。如何寻找优秀的辩护律师是当事人最头痛的事儿，而如何建立信任感却是一个优秀辩护律师必须解决的问题。

家里有人犯事了，通过什么渠道才能找到一个优秀的辩护律师？反过来说，辩护律师通过什么样的渠道才能得到当事人的委托？这是一个问题的两个方面。我把"江湖"上关于这个渠道的所见所闻简单总结一下。

一、熟人介绍律师

中国人有个习惯，就是什么事都想找熟人。至于熟人懂不懂无所谓，至少他不会骗我。在这种心理支配下，很多人需要律师时，首先都是先问问身边有没有亲戚朋友认识律师，然后通过他介绍认识这个律师。往往基于熟人介绍容易产生信任感，只要稍微过得去，一般都会委托其担任辩护律师。

当事人寻找律师的途径既然如此，相应地，辩护律师为了发掘案源也会千方百计地扩大朋友圈子,认识更多的人,也让更多的人认识他。一定程度上,辩护律师就需要花费大量的时间去应酬,周旋于各种关系。正如律师行业中流行的一些名言:"坚持每天都认识一个新朋友""朋友就是生产力"等等。

这种方式寻找辩护律师,一般情况下确实有两大好处:一是可以及时找到专业的辩护律师。有亲戚朋友介绍,相对于在茫茫律海中独自寻找要快捷很多。二是可信度相对会高。有熟人介绍,毕竟已由熟人这一道关口进行过审查,人品、专业至少应该得到熟人的认可。

但是采用这种方式寻找一个好的辩护律师需要注意几个方面:一是与熟人之间的关系好到什么程度。关系越好,他的介绍当然更会站在你的角度去思考、去选择律师。二是熟人本身是否具有一定的判断力。熟人自身具有一定的判断力,经过其筛选介绍的辩护律师相对会优秀一些。三是熟人的人品如何。现在不乏一些人游荡在当事人与辩护律师之间,以给辩护律师介绍案子,收取佣金为生。如果你的熟人是这一类人,那通过他介绍的辩护律师能力如何暂不好评价,只是肯定要比正常律师收费高,高一份佣金。

对于熟人介绍律师,我想特别提提熟人当中公检法司人员介绍律师的那些事儿。我没做过市场调查,只是听传闻有很大一部分刑事案件由公检法司相关人员控制、分配。这些相关人员又可以分为两种情况,一类是现职公检法司人员,另一类是退了休的公检法司人员。如果身边有熟人是公检法司的人员,让他们推荐律师,一般情况下,离找到优秀的辩护律师会更近一步,毕竟他们相对了解律师行业情况,一般身边也会有一两个认可程度较高的律师朋友。但由这些人推荐时,千万要注意个别公检法司人员,特别是退休人员,他们是跟律师合作的,收取高额的佣金,有时高达50%的律师费,甚至他可能就是老板,而律师只是他收钱的

"白手套"。

生意场上"杀熟"是常有的事,家里人有事了通过熟人找律师,"杀熟"也普遍存在。所以,多了解多问问,看看熟人介绍的律师是不是自己需要的辩护律师。

二、非熟人渠道找律师

我是专门做网络案源的辩护律师,经常遇到上门客户问到几个问题:一是我给你律师费,你会不会真的帮我提供法律服务?二是我给你律师费,你能不能保证结果?三是我为什么要给你这么多律师费?四是我凭什么相信你刚说的这些话?

缺乏信任度基础的交流就会经常面临这些质疑。我简单总结一下造成这种尴尬局面的原因,大概有两个方面:一是我们这个社会缺乏判断辩护律师的种种标准。比如辩护律师执业水平的标准、辩护律师执业道德的标准、辩护律师正常收费的标准、辩护律师工作好坏的标准等等。既然没有标准,我们就没办法判断。没办法判断,一个陌生的辩护律师给客户说再多,还是无法建立信任度。二是大家对辩护律师职业定位错误。我们这个社会要求辩护律师必须做好两件事,一件事是忠诚于自己的当事人,当事人委托你担任辩护律师,你就得像一个战士,誓死捍卫你雇主的合法权益;另一件事是诚信于这个社会,不能为了满足当事人的要求而不择手段做违法犯罪的事。

这些是辩护律师的社会使命、社会责任。所以,当有客户质疑我,委托我担任辩护律师会不会尽心尽力辩护时,我一般都会直接告诉他:你这是一种侮辱!当客户一定要我保证结果时,我会让他另寻高人。因为这个社会没有赋予辩护律师决定案件结果的权力,辩护律师对案件结果只有影响力。我能保证的是用我的专业水平尽心尽力去为你辩护,争取一个最好的结果。如果我承诺保证案件的结果，那时我已不再是辩护律师，而是力量强大无比的神。显然，这是忽悠。

三、如何寻找优秀的辩护律师

要找到一个优秀的辩护律师，途径其实并不重要。无论是熟人介绍，还是通过非熟人如网络渠道，关键是如何判断选择的辩护律师够不够优秀，如果优秀就这么定了，相信他，依赖他。说白了，就是你要有一双伯乐般的眼睛去发现千里马。一个"拎不清"的当事人绝对找不到一个优秀的辩护律师，即使遇到了，他也得不到优秀的辩护。

怎么样判断遇到的人是不是优秀的辩护律师呢？有没有标准？官方没有，民间也没有。接下来，我想说出我的标准，尽管很有可能被同行、被老百姓围攻，即便如此，我还是想说，因为我一直在坚守、在努力做一个优秀的辩护律师。

1. 有没有怜悯之心

当你向辩护律师诉说案情时，如果这个辩护律师没有任何怜悯、同情之心，那么他就不是一个优秀的辩护律师，也不会全心全意为你辩护。没有博爱之心的人，一方面他的"武功"境界有限，另一方面他的责任心有限。无论是你通过熟人介绍的，还是通过网络等渠道相遇的，着重观察他有没有怜悯之心，而这一点，任何一个普通百姓只要用心都能做到的。

2. 曾经办过哪些成功的案件

寻找辩护律师的时候，最关心的其实不是，也不应该是这个辩护律师能把你的案件做到什么结果，而是他有没有把你的案件做到最好结果的能力。因为在寻找辩护律师时，案件还没有结果，无法以案件结果来评论这个辩护律师是否优秀。然而，很多人在寻找辩护律师时，一定要求辩护律师保证结果。如果辩护律师不敢保证结果，那这个辩护律师就没有能力。有一部分律师迎合当事人口味，答应能保证结果，但违背了律师职业道德。无数的事实验证，答应保证结果的辩护关系往往没有好的结果。

所以，当事人寻找辩护律师时是选择这个辩护律师有没有办好案件的能力，而不是能不能保证案件的结果。至于如何判断这个辩护律师有没有帮你办好案件的能力，最简单有效的办法就是多听听他到底办过哪些成功案件。在办理这些成功案件中他的责任心、他的专业素养、他看待问题的视角、他是一步步如何辩护的等等。

3. 分析案件的能力

遇到的这个辩护律师确实曾经办过很多成功的案件，那他对我现在的这个案件能不能办好呢？不妨提供事实，提供案情，让他分析分析，听听是否有道理。

信息高度发达的时代，寻找辩护律师渠道各种各样，但无论何种方式都必须面对"信任"的问题。没有信任就没有伤害，但也不会有全心全意为你战斗的辩护律师。

一个案件的成功辩护，就当事人与辩护律师的关系而言，我想借用韩愈所说的："千里马常有，而伯乐不常有。故虽有名马，祗辱于奴隶人之手，骈死于槽枥之间，不以千里称也。"你是伯乐吗？那你又是千里马吗？

谈谈会见那些事儿

关于辩护律师去会见当事人要带授权委托书、介绍信、律师证以及要注意些什么事项,这些基本功可以在中华全国律师协会《律师执业基本技能》(上)里面找到。我这里只是想谈谈会见到底是怎么回事,给看守所以外的人描述一下辩护律师是如何在看守所里会见当事人的。这个描述可以作为同行批评交流的素材。当然,也可以作为当事人及其家属聘请及评判辩护律师是否合格的参考。只是参考,如果是标准,那我就发了,大家都来聘请我担任辩护律师。

一、会见的重要性

"警察干吗抓我?""我构成犯罪了吗?""我该不该说?""开庭我该怎么说?""我会判多少年?"……

上述问题,无论是农民工,还是官至政治局常委,无论是进了秦城监狱,还是白云看守所,或多或少都有一样的疑惑、迷茫、恐慌。没有辩护律师的当事人就如同迷途的羔羊。此时此刻,无论是你,还是我,都需要辩护律师的会见。

辩护律师会见当事人,这是刑事辩护基本工作,也是核心工作之一。通过会见,辩护律师才能了解案件情况;通过会见,辩护律师才能把握辩护方向;通过会见,辩护律师才能将刑事辩护发挥到完美。所以,会见对于辩护律师至关重要。

很明显,会见是当事人与辩护律师沟通的桥梁。事实上,会见就是辩护律师如何通过帮助和利用当事人这个"活证据",了解案件事实,诠释法律,创造证据,展示证据。

可能这四个方面过于简化,让人觉得有点云里雾里。后面我会详细地论述其中有意思的东西,这里只是想说明会见很重要。

二、会见的方式:侦查型与辩护型

说起辩护律师会见的方式真是千奇百怪。对于当事人认罪情形,其实很简单。反正都认罪了,怎么会见都行。但对于不认罪情形,我把所见所闻的会见形式归纳为如下三大类:

1. 侦查型

这类律师会见有点"大爷",为什么说他是"大爷"呢?因为他们搞得像个批判大会,一本正经地强调:"你一定要实事求是地告诉我,到底干了没有?"有时当事人说自己没有干,他们还用质疑的语气反复问道:"真的干了没有?你一定要说实话!"这类律师的思维逻辑在于发现真相,跟老侦查员没什么区别,所以我们暂且叫他侦查型会见。

2. 辩护型

这类律师有个优点就是不强求当事人说什么,只是被动地听当事人说,被动发现事实。当事人说什么,就相信什么。有时是为了迎合,有时当然也是一种策略——取得当事人的信任。

3. 不着边际型

简单地说,这类律师就是不知道跟当事人聊什么,就算聊,也跟案件本身无关。对于这类律师,我就不想多说,一方面是这类律师专业水平有限,在这里尚不能称之为辩护律师;另一方面是思维能力较差,分不清主次,要问什么、不要问什么都没搞清楚。现在广州会见难,我认为主要有两个原因,一是广州这边的看守所律师会见室少得可怜;二是会见时,律师废话太多,不着边际地聊,时间过去了,还不知道自己干啥。

辩护律师应该以何种方式会见当事人,到底是采取侦查型会见方式,还是辩护型会见方式,我认为需要按阶段区分。在侦查阶段,我认为辩护律师不应该采取侦查型会见方式。为什么呢?讲理论,有点难懂。举个例子就简单明了:

比如一个故意杀人案,是 A 杀的,但没有直接证据证明是 A 杀的,侦查人员第一次讯问 A,A 也没有承认杀人的事实。这时候,辩护律师开始会见了。

侦查型律师提问:你到底杀人了没有? 你要实事求是地告诉我,我才能为你做最好的辩护。

注意,当事人跟辩护律师此时的关系,是一种信任关系(理想主义的)。当事人被关在看守所里,见到辩护律师如同见到了亲人,律师就是亲人的代言人呀。说还是不说?"我的辩护律师强烈地要求我回答他。"绝顶聪明级别的当事人(比如毒枭)坚持自己的说法:没干;特聪明级别的当事人会觉得两难;一般聪明级别的当事人考虑后会选择说:干了;智商有缺陷的立马就会说:对,是我干的。

辩护律师给当事人提了一个两难的问题,当事人回答说是他干的,辩护律师接下来如何指导呢? 更是一个两难的问题。

(1)让他如实向侦查机关坦白,争取从轻情节。

如果本案因为没有其他证据证明是 A 杀的,最终认定犯罪成立,是完全依赖于 A 的供述,那么,侦查型辩护律师的提问和指导不就害死了自己的当事人?尽管当事人罪有应得,但如果辩护律师作为推手导致如此,显然就违背了律师最基本的职业道德——忠实于当事人,为当事人利益而奋斗。

（2）告诉当事人继续说谎，不承认。

辩护律师不知道还好，知道了还教唆当事人隐瞒事实真相，这种行为是否构成《刑法》第三百零六条，我不好说。至少有辩护律师因为这条"进去"过。

所以，在侦查阶段，辩护律师采取侦查型会见方式，一味地追求真相，不仅会害死自己，而且也会害死自己的当事人。所以，从某种意义上讲，有时候请个非专业的辩护律师，一定程度上反而害了当事人。这跟生病看医生一样，找个庸医，不但没有解决问题，反而病情加重，搞得不好还会医死人。请记住，要么不请，要请一定要请个专业的辩护律师。

我们再来看看辩护型会见方式的提问：现刑事拘留通知书说你涉嫌故意杀人罪，你到案后，如何向警察交代的？

当事人面对这个提问，回答起来比较轻松。因为答案比较简单，而且是确定的，只要把跟警察说的如数告诉律师即可。律师根据当事人的描述，自然就了解了相关事实（真不真实暂时不重要），也可以给当事人分析相关法律情况（这个分析很重要，包括但不限于案件适用的法律，认定事实的证据要求，量刑等问题都将展现在当事人面前）。

通过辩护型问答方式，当事人会综合考虑辩护律师的上述分析意见。有时，当事人基于对辩护律师的尊重、信任，通过沟通会产生一种完全的信任感，如果先前说的不是真相，会觉得不安，然后会调转头说："真相是这样的……"

此时如何回答？好像辩护型会见也会面对上述两难的问题。但事实上，并非如此。首先，辩护律师在对当事人先前谎言的分析过程中，已经将"认"与"不认"的利弊都告知了当事人。当事人是经过分析后，觉得自己认的好处比不认的好处大，所以才决定说的。简言之，当事人是在充分认知的情况下自愿说的，是自主决定的结果，并非如侦查型会见被逼所说。其次，辩护律师被动了解案件情况后能做的只是说"你实事求是地跟办案机关说"即可。为什么？因为辩护律师此时没有办法评断，在缺乏当事人供述的情况下，本案其他证据能不能证明当事人构成了犯罪。辩护律师给出认或者不认的建议，特别是"认"的建议，说不定将当事人置于万劫不复之境地。所以，只能给一个模糊的答案，让当事人自己思考去吧！

在侦查阶段，如果一定要让辩护律师给当事人一个明确的建议，那请将我国证据开示制度提前到侦查阶段。侦查机关告诉辩护律师掌握了一些什么证据，并经查阅属实。此时，辩护律师综合判断才能给一个"认"或"不认"的建议。否则，辩护律师没办法给。因为怎么给意见都可能伤害当事人，到时后悔已来不及。

说这么多，就一个道理，侦查阶段的会见方式应该是被动的，而不是主动，因为我们没办法预测二三个月后会有哪些证据出现。

我们再谈谈非侦查阶段的会见模式。侦查阶段与非侦查阶段最大的区别是，非侦查阶段辩护律师可以看到全部案件的证据材料（有个别检察在共同犯罪案件中，不让阅全卷，一个荒谬的理由是对其他被告人不公平）。此时，辩护律师纵观全案证据材料，对案件事实真相，理论上应该比当事人还清楚，因为当局者迷；实际上，因为被告人看不到全部材料，辩护律师能看到，对案件事实、证据也比当事人更清楚。

此时会见，我认为应该采取侦查型会见方式。这个选择源于辩护律师的独立性和专业性。辩护律师看完全部案件材料，哪些事实现有证据能够证明，哪些事实在案证据不足，哪些经过改造或创造能够认定都应当了如指掌。如果还不能大胆地给当事人答案、建议，基本上可以"废了"(解除委托)这个辩护律师。当然,我认可的侦查型会见,可能会与当事人产生矛盾,比如说辩护律师认为构成犯罪,当事人说不构成犯罪,辩护律师也有可能被废。这种情形的废,如何选择在于辩护律师的智慧。反正我不会也不想体验第一种被废的方式。至于第二种被废的方式,却时有发生,这是原则问题,因为我要给当事人专业的意见,即使他要废掉我。

三、会见的内容

前面刚说了,会见就是辩护律师如何通过帮助和利用当事人这个"活证据",了解案件事实,诠释法律,等待当事人提问,创造证据,展示证据。其实这五个方面,也就是会见的工作内容。

1. 了解案件事实

家属委托律师时,一般当事人都被羁押在看守所。辩护律师此时只能听家属描述案件情况。一般来讲,家属对当事人的行为都是轻描淡写或避重就轻地告诉律师,关键是家属也不知道当事人到底干了什么。家属的心理通常是向律师求证,应该不会判很重吧?!这是人之常情。作为辩护律师,也没有必要说得太严重,说几句宽慰的话即可,一切待会见当事人后再说。

辩护律师在侦查阶段第一次会见当事人时(没有案件材料),一般以开放式的提问开始,尽量让当事人展开说,因为是辩护律师从当事人处获取信息、线索。当事人说了,辩护律师才明白。而不是辩护律师说了,当事人明白。会见要了解的内容,我简要总结了下,主要是两个方面:

(1)了解案发经过

提问方式可以这样:刑事拘留通知书说你涉嫌聚众斗殴罪,是怎么回事呀?

当事人刚开始可能东一句,西一句的,也有可能答非所问。作为辩护律师这时需要耐心引导当事人,让当事人有逻辑有条理地陈述。当然,最好,也是最管用、最简单的方式,就是让当事人按照时间顺序娓娓道来。

辩护律师这时要记笔录,但只记跟法律要件有关的事实、情节,跟定罪、量刑无关的事实、细节可以跳过。不同的辩护律师,不同的水平,筛选的东西会不一样。但基本法律要件事实素材还是要的。例如:犯罪主体,这里涉及有无刑事责任能力的问题。有没有满14周岁、16周岁、18周岁,有没有精神病、脑子好不好使等问题。别小看这些,有时候关系到生死存亡。其他就不列举了。

(2)了解归案情况

我一直觉得把握归案情况,发现、创立自首情节是我的强项。在多个案件中,凭借这一点,最终为当事人取得自首,甚至立功情节。比如黄某某非法制造弹药案,张某某聚众斗殴案,温某某重婚案,肖某某贪污、受贿案,李某某受贿案等等。简单举两个会见例子。

● **黄某某非法制造弹药案**

问黄某某:你是怎么被警察抓到的?

答:那天下午快下班时,警察在我家打电话给我,说铅弹有问题,让我赶紧回家,然后我就回家了。

再问:你儿子怎么被抓的?

答:我回到家后,警察让我打电话给我儿子,叫我儿子回来。然后我就打电话跟我儿子说警察找他,赶紧回来。然后我儿子回来了。

黄某某因公安机关口头传唤到案,如实供述犯罪事实是自首;协助公安机关抓获另一犯罪嫌疑人（他儿子），构成立功；他儿子经其父亲劝导主动归案，如实供述，也构成自首。如此美妙连环的从轻情节，完全取决于辩护律师的会见发现、创造，并指导当事人固定该事实、证据。

● **张某某聚众斗殴案**

年轻小伙子从头到尾说完了案件的经过，我提出几个问题。

问：你刚说死者，也就是你朋友被人捅伤后，你打120报警，然后警察来了，是这样吗？

答：是的，是我报警的。

问：你先纠集你们这边的人去跟对方讨说法，然后发生了打架，你刚也说知道自己的行为是犯罪，那你打电话报警，你认为警察会不会抓你呢？

答：我想也会抓我。但我愿意被抓，我知道自己错了。

问：你刚说警察来了，你就带警察到案发现场，警察让你给对方"阿发"打电话，也是你朋友，让他到案发现场来，那"阿发"来了没有？

答：我打电话给"阿发"，让他到现场来，然后他来了，来了就被警察抓了。

问：你刚说的这些情况，主动打电话给警察，主动归案，又能如实供述自己的犯罪事实，是自首；协助公安机关抓获同案人，构成立功。下次警察再来提审你的时候，你要跟警察说明白这两个方面的问题，你记清楚了吗？

这种情况下，是个傻子都知道下次会跟公安着重说明这两个问题了。因为在看守所里的人，相互交流，学习刑法，很清楚哪些对自己有利。

2. 诠释法律

辩护律师的工作跟法律有关那是当然,但在看守所里跟当事人讲法律,解释意思,此情此景是非常有意思的,而且很微妙。微妙到什么程度呢? 对于当事人而言,他们视这个为救命稻草,经辩护律师一点拨,有些问题就恍然大悟。而对辩护律师而言,把握不好,就有可能面临遭遇《刑法》第三百零六条的风险。

诠释法律对当事人如此重要,对辩护律师风险又如此之高。怎么办? 我认为辩护律师是战士,上战场,难免有牺牲。今天可能有人不理解,遭人恨,但辩护律师职业就这样定位的,没办法。为了当事人,辩护律师诠释法律的工作还是得做。简单地讲,辩护律师诠释法律工作一般分为两个部分:一是实体法解释。也就是当事人涉嫌的那个罪名法律是怎么规定,以及这个罪名可能跟另一个罪名之间有什么区别。后面这一点,不是每个案件都会用到。二是诉讼法解释。这里主要讲警察能干什么,当事人能干什么;最重要的是法律上在有哪些证据的情况下可以认定犯罪成立,或者在缺乏哪些证据的情况下,罪名不能成立。

(1) 诠释实体法

作为辩护律师,跟当事人解释实体法,相对来讲比较简单。什么盗窃罪、抢劫罪呀,当事人一般心里都明白。但对于存在罪与罪之间有争议的,比如重罪与轻罪,此罪与彼罪,界限不明时,辩护律师在了解完案件事实后,需要明确判断,并就其行为可能涉及的罪名,特别是界限问题需作出详细的解释。举个例子:

● 邹某某等人盗窃案

辩护律师通过邹某某已了解的案件事实:邹某某是某公司的搬运工

且负责监管、发放货物，跟另一个搬运工在负责公司送货的过程中，多拿少报，拿出公司后销售分赃，案值4 890元。后被公司发现，抓了现行。报警后归案，以盗窃罪刑事拘留。

辩护律师如此解释实体法律：公安机关认为你构成了盗窃罪。但根据你描述的案件事实，你的行为更符合职务侵占罪。职务侵占罪跟盗窃罪的区别（没必要跟当事人从"四要件""八要件"来一一对比），你记住一句话就行了：你是公司的员工，有负责发放、监管、运送货物的权力，在这个过程中骗取公司的财产，属于监守自盗，是职务侵占行为。因职务侵占罪入罪数额5 000元，所以不构成犯罪。下次警察提审你时，你要切剖来讲，强调这几个方面的内容：一、我是公司员工；二、我是利用发放、监管、运送货物的职权，侵占了公司的财物；三、我只侵占了公司4 890元，没有达到职务侵占罪要求的数额。所以，我不构成犯罪。

三句话，就告诉了当事人下次被讯问时要牢牢把握的重点问题。复杂的实体法就这样清晰明了地展现在一个不懂法的当事人面前。我们可以总结一下，要让不懂法律的当事人在短时间内达到这种境界，这个方法，用个张三李四之类的代号，就叫"要件事实环切法"。

这个方法，简单讲，就是将当事人的行为过程利用法律要件事实这把刀进行环节解剖。没有争议的环节省略，把有争议的关键环节抽出来，深入浅出地解释给当事人听。例如我是公司员工——犯罪主体问题；我负责发放、监管、运送货物——利用职务之便问题。往复杂处就不讲了，法学家关于法律要件事实都讲了很多本书了。当事人没这种水平听不懂，律师也没有那么多时间在看守所里"布道"，实用就行了。

辩护律师在诠释实体法时，除了犯罪构成要件本身的法律解释外，对于《刑法》总则当中的一些量刑情节（犯罪形态如预备、未遂、中止，主从犯问题，单位犯罪问题，自首、立功等）的相关规定有必要解释一下。

可能在了解案件事实过程中，当事人忽略了某些细节没讲到，但听辩护律师解释相关法律，依葫芦画瓢，支支吾吾的，可能说出意想不到的故事情节。作为辩护律师，这个工作有必要，而且很必要。

（2）诠释刑事诉讼法

向当事人解释刑事诉讼法，很难，风险很高。解释过度，警察说你教当事人毁灭、伪造证据，或者妨害作证，也就是《刑法》第三百零六条。不解释吧，当事人花钱请辩护律师，该告诉的又不告诉，请你何用。所以，这个度有点难把握。我把所见所闻的一些高招，简单介绍一下。这些招是我写的，但不代表是我用的。再次申明，以下方式，并非我所用。

有的律师直接宣读《刑事诉讼法》：

《刑事诉讼法》第一百一十六条规定，讯问时侦查人员必须有二人在场；送看守所羁押后，必须在看守所内讯问（人物、地点）。另外，第八十三条规定，拘留后需立即送到看守所，至迟不得超过24小时。但这条，会见时基本上用不上，因为没送到看守所之前，辩护律师不能会见。

《刑事诉讼法》第一百一十八条规定，侦查人员问与案件无关的问题，犯罪嫌疑人有权拒绝回答。但到底与案件有没有关，自己看着办。

关于第一百一十八条，还有一句话，就是"犯罪嫌疑人对侦查人员的提问，应当如实回答"。这句话，作为辩护律师会见时，就别提了，容易产生误解。

但辩护律师可以说《刑事诉讼法》第五十条规定，"严禁刑讯逼供和以威胁、引诱、欺骗以及其他非法方法收集证据，不得强迫任何人证实自己有罪"。这个条文是有分量的，可以成为当事人的保护伞。

还要说说《刑事诉讼法》第五十三条：只有被告人供述，没有其他证据的,不能认定被告人有罪和处以刑罚;没有被告人的供述,证据确实、充分的,可以认定被告人有罪和处以刑罚。

这个条文看起来好像说了等于没说,像句废话。这让人想起扎西拉姆·多多的《见与不见》:

> 你见,或者不见我,我就在那里,不悲不喜;
>
> 你念,或者不念我,情就在那里,不来不去;
>
> 你爱,或者不爱我,爱就在那里,不增不减;
>
> 你跟,或者不跟我,我的手就在你手里,不舍不弃;
>
> 来我的怀里。

当事人说,或者不说,其他证据都在那里。其他证据有还是没有呢?会不会收集到呢? 当事人心里明白,至少在一定程度上明白。

所以,这个条文的解释很重要,不是一般的重要。当事人听完后,有80%(估计的数值)的人会考虑自己的行为会遗留下哪些证据,警察能不能收集到,然后评估供认还是不供认。

3. 等待当事人的提问

辩护律师主动解读上述刑事诉讼法条后,其实跟当事人来来回回已经有两次深入接触。辩护律师通过当事人对案件的陈述,大概了解当事人的行为、心态。当事人通过辩护律师对事实、法律的解释分析,对辩护律师的综合水平,包括长相、声音、专业知识、思维能力,也有了个大概了解。接下来,当事人就会发问了。到现在为止,我碰到的、听到的各种各样,有搞笑的,有沉重的,有哭笑不得的⋯⋯简单分类举例如下:

(1)属于法律方面,需要回答的问题

警察让我签笔录,我说我不签,写的跟我说的不一样,那我到底是签还是不签呢?

刚进来时,连续审我三天三夜没睡觉,最后我挺不住说了,这算不算刑讯逼供呀? 这些供述合法不合法呀?

警察跟我说,签字吧,又不是什么大事,签完就可以放你回家了,可到现在都不能回家,骗我! 事实不是这样的,又骗我,原来我签字的笔录有用吗?

......

对于这一类提问,辩护律师既要警惕,也要注重司法现状。之所以要提高警惕,是因为根据法律规定,这些确属违法证据。但司法现状是,对于这些非法证据,一般只有当事人的言词说法,没办法举证。到现在为止,我们虽有非法证据排除规则,但没见到哪个法院排除非法证据。所以,这类问题不好回答,只能继续追问,有没有证据或证据线索可以依法提起控告或申请法院排除。如果没有,那就只能遗憾地跟当事人说:让你们没犯事的时候,花钱请法律顾问又不请;让你们早点请律师也不请,现在没办法了。

另外,当事人一般还会关心办案时间问题。

问:我这个案件大概要多长时间会判下来?

完整版回答　拘留3～30天,检察院7天内决定是否批捕;批捕后,侦查期限开始计算,一般二个月侦查终结,特殊情况可以延长三次共5个月,第一次一个月,第二次二个月,第三次还是二个月;移送审查起诉,一般一个月移送起诉,可以延长半个月,最主要是可以退查两次,审查起诉时间可长达七个半月。法院一般二个月内宣判,最迟不超过三个月,但死刑还可以延长三个月。检察院可以申请退查一次,一个月,回到法院后重新计算一次审限。

简略版回答　简单案件简单说:你这个案件简单,在公安一般二个月就送到检察院,检察院一般一个半月就送到法院,法院一般二个来月就出结果了。前前后后,可能得五六个月出判决结果。复杂案件也简单说:案情复杂,侦查可能要半年,检察院也可能要半年,到法院出结果可能三个月吧,反正差不多一年半就有结果了。

(2) 非法律方面的问题——情感问题

对于这类问题,主要是一些情感问题。有些辩护律师是很不耐烦的,因为他有一个十足的理由,那就是我作为你的律师,是帮你解决法律问题而不是情感问题的。也对,但这是一句硬话、冷话。这种态度肯定不能将刑事辩护效果发挥到极致,甚至可能破坏刑事辩护功能。为什么这么说呢,因为信任!

刑事辩护与民事代理,最根本的一个区别,就是刑事辩护是辩护律师和被告人(嫌疑人)合作合拍的演绎过程,而民事代理就是代理律师一个人的独角戏。

既然刑事辩护是辩护律师和当事人共同合作演绎的过程,要取得成功的辩护效果,辩护律师不得不与当事人建立良好的信任基础。否则,辩护律师说东,当事人说西。所以,很多辩护律师总认为被告人不听话,庭审达不到预期的辩护效果就有这个原因。所以,在会见之前,辩护律师给当事人家属打个电话,聊几句家里情况如何? 有没有什么话要跟当事人说的? 上次那封信收到没有? 女儿长高了没有? ……这样,会见当事人时,聊聊家常,传递一下家里的情况,距离就拉近了。这样的辩护律师才像是亲人的代言人呀。

再提一句,会见完了,给家属主动打个电话,除了分析案情外,也讲讲当事人在里面的情况,有没有什么需求,传递一下感情。

声明一下，我同意辩护律师应当解答非法律问题，要与当事人及其家属建立良好的信任关系。但也要坚持一个原则，委托我担任辩护律师，每个法律环节，每个法律问题，都会尽心尽力把控，同时，顺带解答情感问题，但不单独为"看看我老公最近生活如何？气色怎么样呀？告诉他家里人都担心呀"等等非法律问题，而专门去会见当事人。

4. 创造证据

辩护律师如何通过会见，创造证据、展示证据呢？

创造证据，类似于"乾坤大挪移"，展示证据有点像"吸星大法"。看起来，都是旁门左道的功夫。所以，不是每个辩护律师都会用，也不是每个案件都能用，更不是每个阶段都适合。我认为，限于审查起诉以后，这是基础。所以，前面介绍会见的两个工作（了解案件事实，诠释法律），适用于整个诉讼阶段。但后面会见的两个工作内容（创造证据，展示证据），则限于审查起诉和审判阶段。

先介绍一下，为什么这样。其实很简单，前面讲过，我国刑事诉讼法规定证据开示是在审查起诉以后。《刑事诉讼法》第三十七条，"自案件移送审查起诉之日起，可以向犯罪嫌疑人、被告人核实有关证据"；第三十八条，"辩护律师自人民检察院对案件审查起诉之日起，可以查阅、摘抄、复制本案的案卷材料"。

换句话说，到了审查起诉阶段，辩护律师才能看到全案材料，分析来分析去，自然知道本案有些什么证据材料，哪些对当事人有利，哪些对当事人不利。在说下一句话之前，我先声明一下辩护律师的职责：《刑事诉讼法》第三十五条，"辩护人的责任是根据事实和法律，提出犯罪嫌疑人、被告人无罪、罪轻或者减轻、免除其刑事责任的材料和意见，维护犯罪嫌疑人、被告人的诉讼权利和其他合法权益"。所以辩护律师就是朝有利于当事人的方向努力,找到最有利当事人的方案。但辩护律师必须秉持守法原则,不能凭空捏造,更不能违法乱纪。

我说的创造证据,肯定合法,各位放心使用。创造证据,原理上是这样的,辩护律师发现案件中对当事人有利的事实、情节(当事人自己是看不到的),但现有的证据又比较薄弱,需要当事人的供述予以补强。通过会见,得到当事人的供述,就是为案件创造了证据。简单地讲,就是将案件有利于当事人的事实、情节,挪移到当事人的供述中来,相互印证补强,使得该有利事实、情节得以认定。有点像"乾坤大挪移"之功夫。我再三强调,这一招必须以符合客观事实为原则。举两例子说明,就更清晰了。

● 饶某职务侵占罪案

案情:饶某从业主方承包到一个项目,但不能以个人名义承包,项目必须由相应资质的建筑公司来承包才行。于是,饶某找到 A 建筑公司,与 A 公司约定,以 A 公司名义与业主方签订承包合同,承包项目工程。饶某再与 A 公司签订内部承包合同,由饶某担任项目经理,对该项目自主经营,自负盈亏。关于利益分配,合同约定为项目利润在 955 万以内,按承包价 8% 交纳管理费,超过 955 万利润部分,双方按五五分成。饶某在经营过程中,甲供材料市场价格高时,从业主方多拿甲供材料销售,低价时再购进来,以此私自赚取了 600 多万利润。该行为被 A 公司发现后,控告饶某职务侵占罪。

关于饶某的行为是否构成职务侵占罪,我们的辩护观点从主体、客体等多个角度论证其不构成职务侵占罪。历经 8 年"抗战",最终判决无罪。

这里我想讲的,这个案件中涉及的承包形式到底是活包,还是死包问题。合同条款明确约定是活包。在没有结算之前,饶某私吞利润,是否构成职务侵占罪暂且不论,但侵犯 A 公司财产的可能性是肯定存在的。如果是死包,上述可能性就没有。

侦查阶段会见过程中,饶某从来没有解释过到底是死包还是活包问题。审查起诉阶段,查阅全案卷宗后发现,A 公司出具的《情况说明》说:"按照承包合同利润比例计算,应该增加利润 108 万元,即该项目总预算核定利润是 1 063 万元,但公司仍然计划按照原定的利润 955 万元与项目部计算。"很清楚,A 公司提到死包的说法。这一说法,我们如何发挥、引申、补强、固定下来?这就需要通过会见创造一个证据。

辩护律师问:根据合同条款约定,你与 A 公司是采取活包的方式分配利润,那在合同之外,比如说项目施工或者结算过程中,有没有提到其他承包方式?

答:我跟 A 公司法定代表人周某结算过程中,有说到过工期紧,成本大,利润少,然后按照 955 万元结算,公司不补我钱,超过利润部分也不再分给 A 公司。但后来没有这样做。

成功了 80%!

再问:也就是说,你们以口头的形式,将合同约定的活包变更为死包了。对不对?

答:是的。

问:好,那以后就这么实事求是地说吧。

成功了,虽然合同条款明确约定活包,但因为 A 公司的证明提到了死包,而饶某又详细解释了与 A 公司存在死包的口头约定。对于该事实,证据相互印证、补强,法院不得不采信。法院最终确实也采信了死包的观点。

● **李某某组织、领导黑社会性质组织罪案**

李某某组织、领导黑社会性质组织罪一案,由公安部挂牌督办"特大黑社会",共抓 36 人,罪名有 13 个。其中李某某涉嫌 10 个罪名。其他不说了,就说他们家族经营客运站,被指控为敲诈勒索罪一事。

起诉指控李某某等人为获取非法利益,在夏茅客运站以殴打、威胁、恐吓等手段,强行收取每辆车售票额 4%～12% 不等的保护费构成敲诈勒索罪。事实上,李某某及其哥哥担任客运站驻站人员和业务结算员,并且维持秩序,为广州至常宁之间的客车提供了劳务,然后收取 4%～12% 的劳务费(其他事实、证据省略)。

查阅卷宗的过程中,发现其中一名车主即证人说:常宁至东莞、深圳、中山等班车均存在管理费,有的地方还要收取票款的 25%,对于李某某他们收费,没有任何看法(认为合理)。但对于这种行规,李某某及其哥哥从来都没有说过这个问题。为了印证该车主的说法,巩固收取劳务费用是行规,且李某某等人收取的费用合理这一事实,会见李某某时,就需要以创造性方法得到这个证据。

辩护律师问:你在客运这个行业干了这么多年,有没有听说过常宁至广州以外城市的班线?

答:知道,有常宁至中山,常宁至东莞、珠海等班线。

问:这些班线有没有交纳什么费用?

答:这些班线也一样需要驻站人员,也需要交纳管理费,有些地方的管理费比我们收取的还高,听说有些收取票款的 25%。

当事人这一供述,就是证据呀!印证了证人的说法。

敲诈勒索罪最后被改判为强迫交易罪,虽没有判无罪,但在现有司法环境之下,特别是"三打两建"的运动中,能由重罪改轻罪,已经来之不易了。算是成功辩护吧!

通过上面两个案例展示,辩护律师通过会见将对当事人有利的事实、情节,以"乾坤大挪移"的方式移接到当事人的供述中,创造这一证据,印证在案其他证据,使得这些有利的情节证据充分。创造证据,是辩护律师会见工作中最具魅力之处。

5. 展示证据

展示证据,本质上就是辩护律师庭前辅导当事人作有利于自己的辩护。跟创造证据一样,都是位于审查起诉阶段以后,但更主要的还是审判阶段,特别是开庭前最后一次会见的工作。展示证据的工作就是律师展示全案证据给当事人看,并将对全案证据的看法(功力)传授给当事人。辩护律师要把内功全部传授给当事人,而当事人要把辩护律师的观点、表达等功力吸为己用,为庭审作好充分准备,这就是"吸星大法"。

可能大家很奇怪,辩护律师为什么要做展示证据的会见工作呢?这其实跟我们的刑事审判特色有关。我们的刑事审判有两大特色:

一是庭审基本依赖于侦查机关调查收集的证据材料。现阶段刑事审判,证人、被害人、鉴定人等基本上是不出庭的。庭审过程中,对于这些证据的举证、质证,完全依赖于侦查机关收集的证人证言、被害人陈述(书证、物证是死的,没有讨论必要)。而公诉人都是一个腔调的宣读:现出示本案证据,有被害人某某的陈述、证人某某的证言……出示完毕。被告人听的云里雾里,反正也没有三头对六面的机会。

如果没有庭前证据展示,被告人支支吾吾几句,审判长就会打断被告人说:没意见是吧,公诉人继续出示证据;或者说被告人你这不是质证意见,属于辩护意见,等到辩论阶段再说吧。而等到辩论阶段,审判长又说你这是质证意见，现是辩论阶段，说辩护意见。反正最后，被告人还没说几句，庭审就完了。

二是庭审节奏特快。现在一个公诉人上午从 10 点钟至 12 点钟，毫不夸张地说，开完七八个庭是很正常的。被害人到底怎么说的，证人怎么讲的，公诉人要么很快读完，要么直接不宣读。以前觉得只有东莞这样，现在广州白云等法院也开始这样，而且这种趋势正在全国蔓延。至于为什么这样，这个原因没必要去找，如何改进，三言两语也说不清。当事人要做的就是请专业的辩护律师，而辩护律师要做的就是尽可能把对当事人有利的东西全面展示给当事人，为开庭作好准备。

所以，快节奏的朦胧审判就离不开证据展示的会见工作。

说起展示证据，很多辩护律师会见时都有一种疑惑，要不要带全部案件的卷宗材料（复印件，律师也只有复印件）去看守所见当事人。老律师的经验之谈，甚至有些律师写的关于刑事辩护的书都明确地说，最好不要带卷宗材料进看守所给当事人看。都说中国刑事辩护难，难于上青天。我想是由两方面因素造成的，一是律师对刑事辩护规则本身的无知。听到某个律师因为《刑法》第三百零六条"进去"了，就觉得恐怖，至于具体原由，就不管了。然后见人就说，在中国搞刑事辩护难呀。二是法盲随便找个借口，就把辩护律师给弄进去了。而辩护律师把证据材料带进去给当事人看，也算是个好的借口。

我认为一个优秀的辩护律师，无论是从专业要求角度来看还是从职业勇气来看，都应该也必须带上卷宗材料。除非案情简单，被告人认罪，没什么证据需要核对的案件，无所谓带不带了。否则，没办法有效开展会见工作。

辩护律师千辛万苦带着证据材料去看守所，展示一番证据是有目的性的。我认为，至少会见展示证据，要实现两个目的：

（1）让当事人了解指控其构成犯罪都有些什么证据，并让其辨别真假。

认罪且有罪的，没什么好说的。但对于无罪案件，以及有罪但个别关键情节能否成立存在争议的案件，展示证据，让当事人了解，是非常有必要的。因为，对于客观真相，当事人永远都是律师的先知；而对于法律真实，辩护律师就是当事人的老师。可见，辩护律师和当事人在会见过程中，是共同合作的关系，在辨别真假中，寻找契机和对策。

（2）辅助当事人梳理全案有利情节，为庭审彩排。

辩护律师纵观全案，把当事人在侦查阶段讯问笔录中辩解对自己有利的情节，归纳、提炼；把在案其他证据中明示或暗示对当事人有利的情节，进行挖掘、升华，通过创造证据的形式固定下来。这就是辩护律师辅助当事人梳理全案有利情节的工作。

辩护律师虽作好了这一切准备，但还只是停留在辩护律师自己明白的地步，下一步是要让当事人也明白，而且庭审过程中，让他有声有色地展示出来。要做到这一点，就需要辅导、训练当事人，为当事人庭审彩排。关于彩排的具体方法，以后在谈开庭那些事时再详细论述。这里就举一个简单的案例，说说展示证据的会见工作是怎么回事。

● 廖某某被控强奸无罪案

辩护律师评估全案材料后，辅助当事人梳理了有利事实，并以庭审问答方式，通过当事人的嘴展示于法庭。以下就是证据展示的会见工作内容。

（1）问：你什么时候认识被害人的？在你认识被害人之前，你有没有偷拍被害人洗澡的裸照？

答：没有。（但被害人说有，一对一，证据不足）

(2) 问：你 2009 年 5 月份从汕头回广州后，为什么要打电话约被害人到嘉禾？

答：约好私通。

(3) 问：你们第一次发生性关系是什么时候？

(4) 问：最后一次发生性关系是什么时候呢？

(5) 问：这一年多，你们一般多久发生一次性关系？

答：刚开始就很频繁，有时二三天一次，有时一天两次，之后我回家了，回来见面就发生性关系。

(6) 问：你们约会一般是谁给谁打电话？

答：互打。

(7) 问：你们一般在什么地方约会发生性关系？

答：之前我们经常去外面开房，之后为了省钱，我们在没人的时候，在宿舍、厕所、小卖部都有发生性关系。

(8) 问：开房的钱是谁付的？

答：有时我付，有时她付。

(9) 问：你和被害人认识这一年多时间，你有没有送什么礼物给被害人？

答：衣服、吃的、钙片等。

(10) 问：她有没有送什么礼物给你？

答：给我买衣服、送钻戒、帮我交学费（女的是包工头老婆，算是富婆）。

（11）问：在你与被害人来往这段时间，你有回汕头老家，你回去的时候被害人有没有去汽车站送你或者是你来的时候她去接你？

答：有（被害人提到去送过被告人）。

（12）问：你回到老家后（2010年春节期间当事人回汕头过年），你们之间有没有联系？答：经常半夜三更打电话给我。问：那你老婆知道吗？

答：知道，还吵架（他老婆有作证）。

（13）问：在这期间被害人有没有拒绝过与你发生性关系？

答：没有。

（14）问：天上不可能无缘无故掉下林妹妹，被害人为什么要跟你约会发生性关系？

答：她和她婆婆不和，另外就是他老公经常在外面搞女人，为了报复他老公。

结语

从辩护律师踏进看守所，到走出看守所，会见当事人也就这么回事，神秘面纱已经揭晓。信或不信，都在发生着。

谈谈开庭那些事儿

辩护律师思索着慢慢离开证人席，突然转身指着证人的鼻子说："你在撒谎！凶手就是你"……很精彩，但不在中国。

我们国家的刑事审判氛围一向比较严肃，缺少一种轻松、热烈的氛围。总让人想起封建社会的衙门，堂役击堂鼓三声，三班衙役两厢伺立，齐声高叫"升堂"。包龙星身着官服从暖阁东门进来，坐上大堂，传"常威""戚秦氏"。衙役们高喊"威武"。今天这些形式是没有了，但公权力想表达自己高大威严的特性却无时无刻不在。

辩护律师如何让当事人在法庭上轻松自如地表达，实现较好的庭审效果是个历史性的课题。而怎么样解决这个课题，就是我想谈的开庭的那些事儿。

一、开庭成功与否

无论是作为辩护律师，还是当事人及其家属，最关心的就是今天的开庭好不好？辩护律师一般都说好，哪有自己说自己的庭开得不好的呢？至于事实上是不是这样，都不好说，因为我们缺乏一个判断庭审成功与否的标准。

这个判断标准，一直是我在求索的问题。现阶段我只想尝试着去解析如何判断开庭成功与否。而这种尝试会得罪很多同行，也会引来很多争议。但我还是尝试谈谈我的想法，如果我牺牲在骂声和口水之中，就算是为了我们刑事辩护的明天吧。

很多人认为庭审是否成功，最直接的判断标准就是法院判决结果。

理论上确实如此,成功的庭审,获得成功的判决;失败的庭审,相应承担失败的判决。在现有的司法现状下,一定程度上是正确的。但我认为不宜以判决结果论英雄。首先是时间具有滞后性,都等到出结果再来判断庭审是否成功,走出法庭时就没办法评价。而更主要的是,因为太多原因导致庭审与判决结果中断良性关系。比如说,我国的刑事审判在开完庭并没有马上宣判:Guilt or No Guilt。开完庭到出结果,中间有很长一段时间,法官写判决时早忘记开庭时怎么样了。再如,最终作出判决结果的人,并非庭审法官,有可能是主管副庭长、庭长、主管副院长,还有可能是审委会一帮人。所以,在现有的司法环境下,不宜以判决结果判断庭审成功与否。

庭审结束时,无论是作为当事人还是法官判断辩护律师的庭审是否成功,简单来讲,可以从两个方面判断:一是辩护律师和被告人有没有把该讲的道理讲清楚;二是这些道理有没有以较好的方式表现。说白了,一个是内容,一个是形式。形式与内容完美结合就是一个成功的开庭。

1. 辩护律师和被告人有没有把道理讲清楚

注意了,把道理讲清楚的主体不仅仅是辩护律师,还有被告人。之前说过,刑事辩护最大的特点,是辩护律师和被告人相互配合共同演绎的过程。如果被告人讲不好,辩护律师讲得再好,都不算成功。而辩护律师讲得少(或者讲得一般般),但只要被告人讲得好,就是一个成功的庭审。因为,法官更相信被告人亲口说的。所以,理想的状态是,被告人从事实的角度,把本案该讲的事实,有条理地讲清楚;而辩护律师从法律的角度,详细论证是否构成犯罪,是否具备法定或酌定从轻的情节。两者相辅相成才能接近完美。举个例子,更能生动说明辩护律师如何与被告人分工合作。

● **申某某假冒注册商标案**

申某全案台词：我根据老板的指示，在精油内加入香精，然后由其他人装入有欧莱雅标志的瓶子。

辩护律师辩词：申某根据老板指示，在精油内加入香精的行为，不属于假冒注册商标罪的实行行为，属于帮助型从犯，应减轻处罚。

当事人把握事实要点，辩护律师借题发挥，论证法定从轻情节成立，这个道理就讲得很清楚了。

举个反面例子：

● **李某某受贿案**

检察院指控李某某受贿 45 万元，有自首情节，量刑建议六年至八年。经辩护律师辩护以后，法院去掉自首情节，判决十年六个月。

对该案一审庭审笔录整理如下：

被告人核心台词：我作为墙隔办（建设局下属部门）主任，有帮他们发放补贴，但我没有收到 45 万元。至于他们有没有给我弟弟，我不知道。

辩护律师：被告人没有收到 45 万元，不构成受贿罪。

法院判决：罪名成立，从重处罚。

经辩护律师辩护后，不但没有减轻处罚，被告人反而被重判，这就类似于庸医治病，不但没把人治好，反而把人给治死了。之所以这样，是因为辩护律师没有把握全案证据，同时，对受贿罪的犯罪构成要件理解不当，以至于辩护律师与被告人策略错误。

所以，我一直都强调，辩护律师这个职业跟医生一样，一定要精通医术，否则就会祸害他人。这种祸害至少有两种可能性：一是下错药，直接把人给害死了。比如前面的辩护策略就是一剂毒药,权钱交易完成,受贿罪成立,至于第三人有没有将钱交给受贿人,不影响罪名成立。明明罪名成立,反其道而行之,做无罪辩护,必然重判。二是贻误病情。没有水平,发现不了问题,不能实现当事人最大利益,仍勉为其难地担任辩护律师,贻误病情,同样害人不浅。

其实要把一个案件该讲的道理,辩护律师和被告人都能够讲清楚,难度非常大。一方面,取决于辩护律师自身的专业水平,对罪名要有深度把握。这个功力,不是一天两天就能练成,而是需要长期的学习积累。另一方面,还取决于辩护律师的导演能力和表演能力。开庭就像一场电影,而辩护律师就是这场电影的总导演、编剧。开庭前,要评估分析全案证据,为被告人梳理事实、情节,预设好台词;要模拟法官、检察官的角色,与被告人对白、演练。一句话,辩护律师要把自己对案件的理解和观点,都要灌输给被告人,让被告人明白,让被告人表达。除此,还要演好辩护律师自己的角色。

都说这个世界上,最难办的有两件事,一件事是把自己的思想灌输到别人头脑里;另一件事是把别人的钱放到自己口袋来。事实上,辩护律师正从事着这个高难度工作,一方面要让当事人心甘情愿地付律师费,最好多付点;另一方面,还要把辩护思想灌输给被告人,让他接受、表达。

2. 这些道理有没有以较好的形式表现

辩护律师和被告人有没有把道理以较好的形式表现,能不能让法官接受这些道理,这是第二个层次的问题。法官到底会不会接受呢,你和我都不是法官,哪知道法官怎么想的。不过法官也是人,有血有肉,也会有情有爱。我们还是把法官认定是一般人,以一般人的眼光来判断,如果辩护律师说的有理有节,被告人言行得当,给法官一种对的氛围,理论上就应该愿意接受这些道理。所以,庭审整体氛围很重要。氛围对了,就是一个好的表现形式；氛围不对，表现形式就有问题。

关于什么是氛围，大家都明白。就像我们的饭局，情侣小酌应该是浪漫型的，家庭型聚会应是轻松活泼型的，商务聚餐那就比较正式。一样的道理，不同的案件，不同的庭审，需要不同的氛围。我简要地将案件分为两类，相应地就有两种不同类型的庭审氛围。

（1）无罪辩护——冤枉型

这个大家很容易明白，平时要是有人冤枉我们，我们都会理直气壮地说，这不是我干的。无论我们是否遵守"有理不在声高"的美德，据理力争的气势肯定有。刑事庭审最终关系到财产、自由，乃至生命，要是当事人被冤枉，想不声高，不力争，那就强人所难了。所以，对于那些被冤枉，作无罪辩护的案件需要营造出冤枉型氛围。无罪案件开完庭后，如果总体上让人觉得当事人是被冤枉的，心生气愤，感到不平，想劫法场，那这个庭开得就很成功。

（2）有罪辩护——宽恕型

一般有罪辩护的案件，辩护律师无论是从法律上，还是道德上都会千方百计地寻找或点或面的理由来论述当事人是可以宽恕的。至于从轻辩护的具体理由可以参考我下一节"有罪之从轻辩护"。为什么要这样做呢？因为我们的当事人是有罪的，既然有罪，那我们就只有请求法官宽恕，从轻判处。怎么样才能得到别人的宽恕呢？有可能是当事人庭审真诚的认罪悔罪感动了法官，也可能是某些客观方面的原因让人同情、理解，或者是某一句话，某一个眼神，感动了别人，让别人心里想，虽然犯罪了，但情有可原，值得同情，或者可以理解，愿意宽恕他。当然，对于以其他非法律因素使得法官进行宽恕处理，与辩护律师庭审无关，不在论述之列。所以，有罪的案件经过辩护，营造出一种让人愿意宽恕的氛围，那就成功了。

其实还可以对案件性质进行细分，庭审氛围同样可以再细化。这需要情感细腻之人，结合心理学方面的知识来做。我们暂且以粗糙的方式来说吧。

从上述两个方面判断庭审是否成功总觉得有点不过瘾，好像缺点啥似的。但没办法，一言难尽，每个案件有其特点，每个辩护律师有其风格，很难统一。所以，就算缺什么，也很正常。

二、开庭前的准备工作

耍杂技的说："台上一分钟，台下十年功"。

葛拉威尔在《异数》一书中指出："人们眼中的天才之所以卓越非凡，并非天资超人一等，而是付出了持续不断的努力。只要经过一万小时的锤炼，任何人都能从平凡变成超凡。"作者将此称为"一万小时定律"。要成为某个领域的专家需要一万小时，按比例计算就是：如果每天工作四个小时，一周工作五天，那么成为一个领域的专家至少需要十年。如果一天工作八小时至十小时，那就可以缩短至三年到五年。

对于刑事辩护也一样，辩护律师庭上一分钟，庭下基本功也要个十年八年，本案专攻也要个十天八天的功夫（复杂的案件时间就更长了）。

一万个小时基本功的修练，说来话长。当事人也不会关心你怎么修练的。咱就只说说，一个案件开庭前这七八天要准备的那些事儿。

1. 阅卷

卷宗是辩护律师工作的基础，是一切辩护工作的前提。所以，开庭前辩护律师要做的第一件事就是去检察院或者法院阅卷。当然不乏不用卷宗就开庭的"神仙"。有些"神仙"有卷宗但没看，有些"神仙"级别更高，高到卷宗没有就上庭，还能长篇大论地说。当然，说的对不对，到不到点子上,当事人反正听不懂,忽悠忽悠就完了。

自检察院成立案管中心以来,大部分案件的阅卷工作都在审查起诉阶段完成。虽然到了法院也可以查阅全部卷宗,但审查起诉阶段就能阅卷,时间提前了两三个月,让辩护律师掌握全案证据,有利于辩护律师查阅卷宗,调查核实相关事实、证据,制定辩护提纲。阅卷工作既然能从法院前置到检察院,当事人最好也尽早委托辩护律师介入,对案件处理肯定有好处,只是要多花费点律师费而已。

一个完整的阅卷工作,至少应当包括三个部分:一是复印卷宗材料;二是阅读证据材料;三是摘抄相关证据。

(1) 复印卷宗材料

辩护律师去法院或检察院复印卷宗材料必须坚持两个原则,那就是保持证据材料的完整性和清晰性。检察院把证据材料拿给辩护律师,有些案件黑压压几十本甚至上百上千本卷宗,少的至少也有两本。简单的案件可以全部复印回来,而复杂的案件,必须有所筛选,不可能一页不少的复印,但案件基本的证据材料必须有,要保持完整性。所以,如何筛选很重要。

① 完整性

首先,卷宗封皮、目录要复印。封皮上写有某某案件第一宗、第二宗、第三宗……卷宗目录就是翻开封皮的第一页,上面写着(证据名称)某某证据位于某一页(页码)。无论复杂案件还是简单案件都得复印下来,这对查阅卷宗,开庭出示证据及质证,以及撰写辩护词引用证据都很重要,因为辩护律师据此可以很轻松地找到某个证据在哪一宗哪一页。

其次,言词证据无论多少页都要复印。言词证据有被告人的供述、被害人的陈述、证人证言等。侦查人员在收集言词证据的时候,一般在两次以上。同一事实,一个人前后两次的说法不一定相同;两个人的说法,那就可能更不同了。所以,保持这些言词证据的完整性,为查阅卷宗前后对比,左右比较,为发掘有利于案件故事情节打好基础。

再次,归案经过、扣押清单、勘查笔录,以及鉴定结论一定要复印。前面三类材料是侦查机关出具的,是直接判断有无违法性、可利用性的直接证据。所以,必须要复印。司法鉴定结论有很多种,如DNA鉴定、指纹鉴定、笔迹鉴定、死亡原因鉴定……无论是年老的辩护律师还是年轻的辩护律师,辩护经验告诉我们,必须要复印。这些东西很专业,需要查阅专业资料,细细研究,向有关专家请教,才能发现其中的问题。

最后,有争议性的物证(照片)、书证要复印。辩护经验让我们还是能初步判断在本案中哪些书证有问题,可能对案件存在影响。那么,对于这些书证,原则上全部要复印。而对于像走私案件中,一些提贷单,银行流水记录等无关痛痒的书证,可以忽略不复印。

到底哪些卷宗材料需要复印,哪些不用复印,理想状态下,辩护律师应当有经验判断区分。而辩护律师以外的人判断辩护律师阅卷工作是否合格,翻翻他的材料是否涵盖上面几个方面,基本上可以评价出他的工作有没有到位。

② 清晰性

辩护律师阅回的卷宗,要么是复印件,要么是拍的照片。拍照、复印一定要清晰。别等查阅卷宗时,关键几行字太暗看不清,再打电话给检察院或法院要求重新阅卷,那就麻烦了。因为如是辩护律师自身原因造成的,检察院或法院有权拒绝再阅卷。即使检察院或法院同意再阅卷,辩护律师再跑一次也麻烦。所以,阅卷一定要清晰。这既是技术性问题,也是态度问题。

（2）阅读卷宗材料

卷宗材料查阅回来后，辩护律师就得仔细地、详细地阅读这些材料，而且要有一定章法。什么样的章法最好，每个辩护律师可能不一样，反正能理清案件事实，发现问题就是不错的章法。我尝试着总结一下查阅卷宗的章法，是否合理，仅供参考：

① 解剖起诉书或起诉意见书

起诉意见书、起诉书，其实就是指控当事人的檄文，概括了被告人所涉嫌的犯罪事实（当事人具体干了些什么事），适用的刑法条文（违反刑法的具体条文，有无从轻或从重的情节）。辩护律师接下来所要做的工作，其实就是围绕这两方面开展。首先，围绕指控的犯罪事实能否成立，查阅卷宗，对相关事实、证据进行判断。其次，就证据能够证实的犯罪事实与适用的刑法条文是否正确，进行比较、判断。所以，解剖起诉意见书、起诉书是阅卷工作的第一步。

② 读懂全案证据材料

解剖完起诉书，辩护律师有点好奇，也有点疑惑。比如强奸案，当事人与被害人熟悉不熟悉，为什么要强奸她？有没有发生性关系？发生了多少次？愿意还是不愿意？……带着怀疑，寻思着就开始阅读证据材料。辩护律师有没有用心读，卷读得仔不仔细，认不认真，这个没办法判断，也给不出什么好的建议。这里只是想聊聊读卷的一些方法。

一是读卷的顺序。拿到全部证据材料后，有时会很茫然，到底是从书证、物证开始，还是从证人证言，或者被害人陈述开始看呢？顺序不对，看半天都还是云里雾里，不知道这个故事到底是怎么事儿？为了解决这个问题，简单总结了一下：一般按照从被告人供述开始，到被害人陈述（或者是行贿人的证言），再到相关证人证言，在案的书证、物证。如此行事，是因为被告人是案件的亲历者，他们的供述基本上就将故事的前因后果讲清楚了;为了达到兼听则明的效果,接下来就看案件的另一个亲历者——被害人是怎么说的。此时,哪些事实情节能够相互印证,哪些有矛盾,基本上就清楚明了了。接下来,再看其他证人证言、书证、物证等证据,是否与前面所了解到的故事情节相吻合。这样基本上可以理清案件事实,发现和解决证据问题。

二是读卷的次数。如果辩护律师读一遍,就把所有的证据材料中每个细节都能记清楚,那读一遍就够了。如果做不到,建议至少读两遍,案情复杂,读个十遍八遍也不为过。因为,人的注意力是有限的,每读一次,视角会不一样,就会关注到更多的细节,发现不同的问题。所以,多读是有必要的。

三是读卷标记法。看小说,读文章,我们会将优美的词句,画上记号。看卷宗材料也一样,对当事人有利的情节,不利的情节,都应该作好标记。建议采用不同色彩的笔来作标记。

(3)摘抄证据材料

辩护律师既然已经读懂了证据材料,为什么还要摘抄证据材料?有没有这个必要呢?仁者见仁,智者见智。聪明的人且记忆力好的人,可以省略这项工作,但像我这种既不聪明,记忆力又不好的,还是要做好摘抄证据材料的工作。主要有两个方面的理由:一方面是有利于思考。读一遍,与写一遍,思想境界肯定会不一样,在写的过程中,你会想这些证据怎么运用到辩护中去,在辩护词中如何表达。另一方面是开庭质证时好用,写辩护词引用时也好用,如数家珍。

至于如何完成证据摘抄工作,需要结合上面的读卷工作。就是把读卷过程中那些作了标记的有利或不利的证据部分予以摘抄。除此,除原版摘抄之外,有些案件需要对比的,最好制作好表格,然后将证据内容填充入表格。下面举个有意思的案例:

黄某某重大责任事故案

被害人	血液 HbCO 饱和度(%)	解剖所见	鉴定结论
陈某某	78.22	皮肤大面积烧焦、炭化,肌肉爆裂,生理反应明显,咽喉部、食管、胃底部、气管及支气管内可见大量黑色烟灰	系生前吸入大量一氧化碳造成中毒而死
徐某某	45.07	同上	系生前烧死
谭某某	21.01	左胸部及右锁骨上窝均可见一深达胸腔的裂创;咽喉部可见黑色烟灰	系生前烧死
疑问	谭某某生前一氧化碳轻度中毒,死后气管、胃底部没有黑烟,有两处深达胸腔的外伤,鉴定为生前烧死,不具有科学性。有待于请专家论证,不排除生前被人所杀,然后焚尸灭迹		

从阅卷复印材料,到读懂并摘抄好证据材料,此时,辩护律师基本上对全案事实、证据已了如指掌,发现和提炼了问题(事实认定问题,或者法律问题),并且明白这个案件辩护的重点是什么。

2. 查找资料

辩护律师读懂卷宗,提炼问题,比如说轮奸共犯中,李某某干了,另一个因自身原因没有干,是否构成未遂? 再比如廖某某强奸案,强奸与通奸的区别标准是什么? 接下来就是如何解决这个问题。解决这个问题,主要的工作就是查找相关资料。这些资料主要有两个方面,一方面是理论著作,学术界关于某个问题的看法是怎么样的;另一方面是司法实践案例,实践中对该问题以何种方法解决。尽管我们国家是成文法体系,判例不具有法律效力,但这些资料对解决本案仍然具有重要的参考价值。现最高人民法院公布指导案例的制度,事实上,已经承认指导案例对审判具有约束力。

前面讲过,开庭时辩护律师能把道理讲清楚就行了,那还找资料干吗？好像有点多余。其实一点都不多余，作为一个优秀的且有自知之明的辩护律师，很有必要好好完成这份工作。

首先，辩护律师人微言轻，要达到说服法官的目的，除了把道理说清楚，还要告诉法官这些道理有根据，有理论，有案例。反之，没有这些资料，辩护律师说得再天花乱坠，法官心里仍觉得此乃"辩护律师一家之言，或狡辩之词"。所以，找到解决本案问题的资料很重要。

其次，"律师乃法官之友"，辩护律师就是为法官提供资料，帮助法官解决案件中的疑难问题。现阶段，法官案件多，压力大，没时间去找资料研究问题，辩护律师要实现自己的目的，为了当事人的利益，必须查找好资料，让法官接受这个道理。

所以，有这两大理由，辩护律师就应该干好这些活。提一句有点多余的话，辩护律师帮助解决的问题限于对当事人有利的问题，不能帮助检察官论证对当事人不利的东西成立。

查找资料这个活怎么干，需要技巧，更需要恒心。在茫茫书海中，要找到某个问题是怎么论证的；在数千万个案例中，找到一个与本案相似的案例，跟大海捞针没什么两样。所以，意志力很重要，更重要的是兴趣。以前，我给我师傅找资料，总能给师傅带来意外惊喜，找到对案件非常有用的东西。这种意外惊喜，源自于兴趣所支撑的淘金式查找，泡图书馆，泡网络等。至于查找资料也没什么技巧，一方面是尽最大努力去找，另一方面做好系统性的资料库备用。案件来了，点开自己的资料库，很容易就找到相关资料。说多了也没用，举个自首的资料系统库为例，如有案件涉及这个问题，直接查找即可。如果没有与案件相关资料，纯属意外。

自首资料库

案　例	符合自首之情形	出　处
刘振杰骗购国家外汇额度案	犯罪分子潜逃后主动投案构成自首	《刑事审判参考》总第1辑
王勇故意杀人案	在亲属陪同下投案构成自首	《刑事审判参考》总第3辑
张杰故意杀人案	被告人杀人后有抢救被害人的行为,然后到公安机关投案,但并未如实供述自己的罪行的,不能认定为自首,但其主动抢救被害人的行为属于酌定从轻情节	《刑事审判参考》总第6辑
曹金龙犯故意杀人案	作案后经他人规劝,表示了向公安机关投案自首的愿望,并在原地等候而被公安机关抓获,应视为自动投案;到案后能如实供述自己的罪行,可认定为有自首情节	《刑事审判参考》总第7辑
庄保金抢劫案	犯罪嫌疑人一经传唤即如实供述犯罪事实的可否认定为自首? 1998年12月最高人民法院《关于处理自首和立功具体应用法律若干问题的解释》(简称《解释》)规定:罪行尚未被司法机关发觉,仅因形迹可疑,被有关组织或者司法机关盘问、教育后,主动交代自己的罪行的,应当视为自动投案	《刑事审判参考》总第8辑
魏荣香、王招贵、郑建德故意杀人、抢劫、逃脱、窝藏案	《解释》规定:犯罪嫌疑人自动投案交代犯罪事实后又逃跑的,不能认定为自首	《刑事审判参考》总第11辑
李平贪污、挪用公款案	被告人在其罪行尚未被司法机关发觉前,能够向其单位主动交代自己的罪行,应以自首论	《刑事审判参考》总第11辑
王国清等抢劫、故意伤害、盗窃案	《解释》规定:犯有数罪的犯罪嫌疑人仅如实供述所犯数罪中部分犯罪的,只对如实供述部分犯罪的行为,认定为自首	《刑事审判参考》总第13辑
张军等抢劫、杀人犯罪集团案	犯罪嫌疑人被公安机关通缉后,在亲友的规劝下,打电话向公安机关投案,如实供述自己的罪行,应认定为自首	《刑事审判参考》总第18辑
刘忠伟私分国有资产案	犯罪嫌疑人被采取强制措施后,如实供述了司法机关尚未掌握的其他罪行,对他罪具有自首情节	《刑事审判参考》总第19辑

案 例	符合自首之情形	出 处
张烨等强奸、强制猥亵妇女案	犯罪嫌疑人经亲友规劝后向公安机关投案，如实供述自己的罪行，应当认定为自首	《刑事审判参考》总第 20 辑
明安华抢劫案	行为人以投案为目的主动来司法机关，无论司法机关是否已掌握了其犯罪事实，是否已决定对其采取强制措施，均应当认定为自动投案；若行为人以了解案情等其他非投案目的到司法机关，均不属于投案	《刑事审判参考》总第 21 辑
陈德福走私普通货物案	单位可以成为自首的主体 　单位自首的认定：①犯罪单位主动投案，即只能由代表单位的自然人主动投案；②主动投案的行为必须处于犯罪单位的意志；③如实供述罪行。单位主要负责人参与单位犯罪时自首对其个人自首与单位自首的分析	《刑事审判参考》总第 24 辑
计永欣故意杀人案	在亲属规劝下，虽同意自首，但并无自动投案行为，且被捕后不能如实供述罪行的，不能认定为自首	《刑事审判参考》总第 24 辑
刘岗、王小军、庄志德金融凭证诈骗案	犯罪嫌疑人归案后仅交代部分犯罪事实，未如实供述自己的主要犯罪事实的，不能认定为自首	《刑事审判参考》总第 25 辑
俞辉合同诈骗案	犯罪后主动投案，在一审判决前，虽对部分事实作了不同于侦查阶段的辩解，但并未否认主要犯罪事实的，仍可视为自首	《刑事审判参考》总第 25 辑
刘某诉江某故意伤害案	自诉案件中自首情节如何认定？被告人以另一事实行为受害人的身份向公安机关报案，并如实供述了其犯罪行为的，应认定为自首	《刑事审判参考》总第 25 辑
郭玉林等抢劫案	《解释》规定：犯罪嫌疑人自动投案并如实供述自己的罪行后又翻供的，不能认定为自首。对"翻供"可理解为否认主要犯罪事实	《刑事审判参考》总第 27 辑
左佳等受贿、贪污、挪用公款案	归案后，如实供述司法机关尚未掌握的部分犯罪事实的，具有自首情节	《刑事审判参考》总第 27 辑
王志峰、王志生故意杀人、保险诈骗案	归案后，如实供述司法机关尚未掌握的其他犯罪事实的，对其他罪名具有自首情节	《刑事审判参考》总第 28 辑

案　例	符合自首之情形	出　处
李品华、潘才庆、潘才军诈骗案	公安机关用电话联系犯罪嫌疑人，犯罪嫌疑人表示愿投案自首，并规劝其他共同犯罪人一起投案自首的，均应认定为自首	《刑事审判参考》总第29辑
李真贪污、受贿案	大部分犯罪事实是犯罪嫌疑人在侦查机关尚未掌握的情况下主动交代的，符合自首的条件	《刑事审判参考》总第29辑
姜方平非法持有枪支、故意伤害案	犯罪后主动投案并如实供述犯罪事实，在庭审中又翻供的，不能认定为自首	《刑事审判参考》总第30辑
杨安等故意伤害案	《解释》规定：公安机关通知犯罪嫌疑人的亲友，或者亲友主动报案后，将犯罪嫌疑人送去投案的，也应当视为自动投案。经亲友规劝后，犯罪嫌疑人自首的意思表示不明确，也没有自动投案的行为表示，其自首的认定存在争议	《刑事审判参考》总第30辑
朱小华受贿案	在有关部门审查其其他问题时，能主动供述司法机关尚未掌握的本人的犯罪行为，可视为自首	《刑事审判参考》总第31辑
张义洋故意杀人案	犯罪嫌疑人的亲属报案后，由于客观原因没能将犯罪嫌疑人送去投案，但予以看守并带领公安人员将其抓获的，能否视为自动投案	《刑事审判参考》总第31辑
李满英肇事致人死亡案	行为人因抢救被害人未来得及自动投案即被抓获，到案后主动如实供述犯罪事实的，能否认定为自首，关键看行为人是否有投案的准备行为或是否具有准备投案的意思表示。在交通肇事案件中，肇事者在肇事后主动投案、抢救伤员是其法定义务，因而在此类案件中不存在自首问题	《刑事审判参考》总第32辑
张某某抢劫、李某某盗窃案	犯罪后主动投案，并如实供述犯罪事实的，构成自首；虽主动投案，但在一审前始终未能如实供述自己的罪行的，不属于自首	《刑事审判参考》总第32辑
赵泉华被控故意伤害案	事发后由其同事报警，留在现场等待被抓获的，应视为自动投案	《刑事审判参考》总第38辑

案　例	符合自首之情形	出　处
朱荣根、朱梅华等妨害公务案	犯罪后自动投案,并如实供述自己及同案犯的犯罪事实,系自首	《刑事审判参考》总第 38 辑
官其明故意杀人案	因形迹可疑,被公安机关带回派出所审查,审查中被告人主动如实交代了当地公安机关尚未掌握的其犯罪行为的,应当视为自首	《刑事审判参考》总第 44 辑
乌斯曼江、吐尔逊故意伤害案	以"目击人"的身份带回警局询问,在此过程中,被询问人未对自己的犯罪行为作如实供述,在其被确定为犯罪嫌疑人以后才如实供述的,不能认定为自首	《刑事审判参考》总第 44 辑
王春明盗窃案	犯罪嫌疑人被公安机关传唤到案后,如实供述自己的罪行的,是否认定为自首,关键在于犯罪嫌疑人经传唤后是否属于自动投案;因其被传唤后是否投案的自主选择性较大,到司法机关如实供述的,一般应当认定为自首	《刑事审判参考》总第 45 辑
朱洪岩贪污案	犯罪嫌疑人没有主动投案,也非因伤因病或为挽回损失暂无法到案而事先以电、信方式投案,仅犯罪后写信给检察院的,不能认定为自首	《刑事审判参考》总第 45 辑
孙传龙故意杀人案	亲友带领公安人员抓获犯罪嫌疑人,认定为自首成立的条件:①亲友有积极协助侦查人员抓获犯罪嫌疑人的行为;②犯罪嫌疑人在亲友带领公安人员抓获时,要予以配合	《刑事审判参考》总第 47 辑
梁国雄、周观杰等贩卖毒品案	不论是侦查人员让犯罪嫌疑人去协助抓获其他犯罪嫌疑人,从而脱离司法机关的控制,还是该犯罪嫌疑人脱逃,只要其能够再到司法机关投案,就应认定其具有投案行为,如果能如实供述犯罪行为,就应认定其具有自首情节	《刑事审判参考》总第 47 辑
郭金元、肖东梅非法经营案	犯罪后到其主管部门主动交代犯罪事实的,应视为有自首情节	《刑事审判参考》总第 48 辑

续　表

案　例	符合自首之情形	出　处
董保卫、李志林等盗窃、收购赃物案	投案动机和目的不影响自首成立《最高人民法院关于被告人对行为性质的辩解是否影响自首成立问题的批复》规定：犯罪分子对行为性质的辩解不影响自首的成立。只要犯罪分子主动投案并如实供述自己的犯罪行为，就应认定为自首。关于"如实供述"，只要犯罪分子如实交代作案的客观事实与最终认定的事实一致或基本一致，就应认定犯罪分子已作如实供述，其辩解的主观因素等不影响其自首的成立	《刑事审判参考》总第 48 辑
闫新华故意杀人、盗窃案	对于自首中"司法机关尚未掌握"的理解，是指司法机关尚不知道犯罪发生，或者虽然知道犯罪发生，但不知道犯罪人是谁。"其他罪行"是指与司法机关已掌握的或判决确定的罪行，属不同种的罪行	《刑事审判参考》总第 50 辑
陈国策故意伤害案	对于案发过程中，无论是被告人本人报警或由他人报警，也不论报警内容是否涉及被告人的犯罪行为，只要有证据证实被告人案发后滞留现场是出于等候警方处理之目的，即可认定被告人到案具有自动性，视为自动投案。由于伤病等原因未来得及如实供述自己的罪行，在司法机关确定其为犯罪嫌疑人对其进行审查后，才承认自己的犯罪事实的，应当认定为"如实供述自己的罪行"	《刑事审判参考》总第 50 辑
何荣华强奸、盗窃案	对于"余罪自首"中"司法机关"的理解，一般是指：①如果犯罪嫌疑人、被告人的所犯余罪尚未被查明通缉，或者虽已被通缉，但通缉资料不全面，内容不明确，现行犯罪的侦查、起诉和审判的司法机关并不掌握或者很难、几乎不可能通过比对查证等方式在当时掌握该犯罪嫌疑人的所犯余罪的，则此时的"司法机关"仅指直接办案机关；②如果在犯罪嫌疑人、被告人所犯前罪已被通缉，对现行犯罪的侦查、起诉和审判的司法机关可以通过通缉资料掌握该犯罪嫌疑人、被告人所犯前罪的情况下，此时的"司法机关"应当包括通缉令覆盖范围内的所有司法机关。对于"尚未掌握"的理解，一般是指司法机关还未有一定的客观线索、证据合理怀疑被采取强制措施的犯罪嫌疑人、被告人和正在服刑的罪犯还犯有其他罪行	《刑事审判参考》总第 52 辑，对于自首中相同认定，见《人民法院案例选》总第 60 辑

案 例	符合自首之情形	出 处
朱作勇受贿案	纪检部门已掌握了被告人的部分犯罪事实,被告人在接受纪检部门的调查期间,才坦白交代其全部犯罪事实的,不构成自首	《刑事审判参考》总第 53 辑
周建龙盗窃案	仅仅向被害人承认作案,没有接受司法机关处理意愿的行为不能认定为自首,行为人对于经由被害人移送司法机关接受审查和裁判不抵触或不拒绝的,可以视为自首	《刑事审判参考》总第 55 辑
田成志集资诈骗案	亲属提供线索抓获犯罪嫌疑人的,不能认定为自动投案,但可作为从轻量刑的情节予以考虑	《刑事审判参考》总第 59 辑
刘兵故意杀人案	对于"罪行尚未被司法机关发觉,仅因形迹可疑;被有关组织或者司法机关盘问、教育后"中"形迹可疑"的理解,一般有两种情形:①司法机关或有关组织尚未掌握行为人犯罪的任何线索、证据,而是根据行为人当时不正常的衣着、举止、言语、神态等情况判断行为人可能存在违法犯罪行为。②某一犯罪案件发生后,司法机关或有关组织已经掌握了一定的证据或者线索,明确了侦查方向,圈定了排查范围,在排查或者调查过程中发现行为人的表现或者反应不正常,引人生疑,但尚不足以通过现有证据确定其为犯罪嫌疑人	《刑事审判参考》总第 59 辑
沈利潮抢劫案	行政拘留仅仅是针对特定的行政违法行为,行为人在被行政拘留期间,主动交代侦查机关尚未掌握的犯罪事实,或者交代侦查机关尚未掌握的其他非同种犯罪事实,符合自首条件;但若此行政拘留与其交代的犯罪事实有关,则可能不符合自首的条件	《刑事审判参考》总第 59 辑
赵春昌故意杀人案	对于自首中"经查实确已准备去投案"的情形一般包括下列条件:①从主观上讲,犯罪嫌疑人要有真实的投案意愿;②从客观上讲,犯罪嫌疑人要有准备投案的客观表现;③犯罪嫌疑人没有实施自动投案行为是因为被公安机关抓获;④有证据证实其主客观相一致	《刑事审判参考》总第 60 辑

续　表

案　例	符合自首之情形	出　处
密文涛、李勇刚上诉二审法院撤消一审认定的自首情节如何适用上诉不加刑原则案	行为人自动投案后,未如实供述自己的犯罪事实,直到其被采取强制措施后才如实供述自己的犯罪事实的,其行为不构成自首	《人民法院案例选》总第 51 辑
金军抢劫案	对于亲属报案并协助司法机关破获案件的,不属于犯罪嫌疑人的自首情节,但可以作为酌定从轻情节予以考虑	《人民法院案例选》总第 54 辑
毕素东故意伤害案	行为人犯罪后经他人规劝同意自首且未逃走,归案后能如实供述罪行的,应视为自首	《人民法院案例选》总第 56 辑
李超故意杀人案	行为人在犯罪后向公安机关主动投案,因故又继续实施危害行为的,不能认定为自首	《人民法院案例选》总第 56 辑
审判实务释疑:因"形迹可疑"被盘问后交代罪行的能否认定为自首?		《刑事审判参考》总第 17 辑
审判实务释疑:自动投案并如实供述自己罪行后在一审期间翻供但二审期间又能如实供述的能否认定为自首?		《刑事审判参考》总第 24 辑
刑事政策:全面加强刑事大案要案审判工作为经济社会和谐稳定发展提供有力司法保障——正确认定职务、经济犯罪中的自首情节		《刑事审判参考》总第 57 辑
审判实务释疑:犯罪后明知他人已经报警而等候警方前来处理能否认定为自首?		《刑事审判参考》总第 61 辑
最高人民法院自首、立功司法解释案例指导与理解适用		2012 年最新版总结全书

3. 撰写辩护意见

庭审过程中,有的辩护律师滔滔不绝、条分缕析地发表辩护意见,获得雷鸣般的掌声(这是违法的,但旁听人员过于激动有时会这样);而有的辩护律师支支吾吾、断断续续地说啊说,说到法官实在忍不住打断话题,说得大家想睡觉,反正说不出几个好意见。是不是口吃等原因暂不说,主要是辩护律师庭前没有作好准备,没有撰写好辩护意见,全靠开庭时临时总结发挥,以至于出现上述情景。所以开庭前,作为辩护律师撰写好辩护意见,显得非常重要。而当事人及其家属判断辩护律师工作是否认真到位,其中最重要的一项标准就是看看他开庭前辩护意见写好没有。

辩护律师读懂了证据材料,梳理清楚了案件事实,提炼相关问题,并且通过查找资料的方式找到解决问题的答案,此时,辩护律师就要总揽全局,确立辩护方案,撰写辩护意见(辩护词的前身)。怎么样来撰写辩护意见呢?像写小说,像写散文,像写诗歌,还是像写杂文呢?辩护律师这份职业,号称自由职业,无论是说,还是写,理所当然都应该是自由的。既然如此,反正只要辩护律师能把本案问题写清楚就行,如果还能绘声绘色,生动有趣,那就更好。体裁自由那是当然,但要表达清楚问题,达到说服效果,有些共同的规律还是要遵守的。简单总结,有两个方面是要注意的:

其一是表达观点的层级性。

一个案件中,可能涉及的问题有好多个,比如无罪辩护案件,犯罪不能成立可能有好几个方面原因,先说哪个原因,后说哪个原因呢?再如有罪的案件,有多个法定从轻情节、酌定情节,从哪个开始呢?经验老道的辩护律师会从最重要、最能成立的问题开始论述,然后依次表达。开庭与平时跟朋友谈事"先铺垫,再慢慢聊,最后说出目的"不一样,它需要开门见山,抓住法官的眼球,加强法官的印象,让法官接受对被告最有利的事实。

其二是标题的针对性。

其实辩护律师的一切工作都是为了说服法官。要达到这个目的,就只有站在法官的角度去撰写材料。法官案件很多,很忙,有可能只是扫几眼辩护词的标题,不会去细看内容。那这时,标题就需要高度的针对性,一看就知道是什么问题,而且核心观点是什么。举个例子,陈某某运输毒品二审发回重案:

标题1:指控陈某某运输毒品事实不清,证据不足。

标题2:在案证据不足以证实公安机关在车上查获的毒品与陈某某有关,无法排除涉案毒品是某锋的老板放在车上或者来源于其他途径的可能性。

两个标题对比,标题2显然比标题1有血有肉,概括了所要表达的内容。如果法官走马观花似地阅读辩护词,标题2自然会给法官留下较重的印象。所以,标题一定要具有针对性。

一份优秀的辩护意见,除了上述所说的要求外,还需论证逻辑严密,论据充分。所以,写好一篇辩护词不容易,需要多年基本功的修炼,也需要对案件事实、证据的深刻把握。所以,这部分工作才是律师费最核心的对价。如果请的辩护律师没把这个工作做好,80%的律师费是白给了。

4. 制定提问提纲

辩护律师看完了材料,理清事实,解决问题,辩护意见也写好了,是不是就可以上庭了呢?别急。永远要记住,刑事庭审不是辩护律师一个人的独角戏,我们的真正主角是被告人。所以,接下来的工作是辩护律师如何把对本案的意见、观点灌输给被告人,并且通过被告人的嘴说给法官听。这个过程,说白了,就是要把上千字甚至上万字的辩护意见,浓缩成几个问答对白。即辩护律师提出问题(有可能是公诉人或审判长问),被告人回答问题,在这一问一答的过程中把辩护意见中的看法、观点一一展现出来。所以,制定提问提纲就显得尤为重要。

庭前制定提问提纲,简单讲,有两个方面的问题需要注意。首先,提问提纲的设计应紧紧围绕辩护观点展开。辩护律师的每一个提问,被告人每一个回答都应该有目的性,不是为了避免冷场而提问,也不是为了表演给家属看而提问。而这个目的就是要围绕和展现辩护观点。其次,提问提纲的设计要把握一个度。如果仔细观察,有辩护律师的被告人在庭审提问回答过程中会相对专业很多,而且很从容;而没有辩护律师的被告人回答问题时,就会原生态很多。换句话说,辩护律师教过被告人如何开庭,如何回答。"教"的行为,有时后果很严重,他还有教唆的意思。所以,教的不好,有可能被适用《刑法》第三百零六条。为了避免这个问题,建议把"教"字,改为"辅导"二字,辅导当事人开庭。坚持实事求是的态度,以问答的方式帮助当事人理清案件事实,摆明观点。这种微妙关系总觉得很难用文字表达。干脆举个例子说明。

● 杨某受贿案提问提纲

案情简介:梁某某系某公安分局刑警大队副大队长,杨某系该刑警大队一中队中队长。杨某所在一中队协助市公安局刑警大队侦办朱某某被伤害案。梁某某受他人之托向杨某了解该案情况,但梁某某没有告知杨某其受人之托。事后,梁某某收受他人20万元,给了杨某5万,说让他拿回队里跟兄弟们吃饭。后来杨某把5万元用于一中队日常开支。被检察机关指控为受贿罪。

辩护基本思路:梁某某交付给杨某的 5 万元,是支付给某刑侦大队一中队的经费,并非支付给杨某个人的贿赂款;杨某没有具体承办李某某等人故意伤害朱某某一案,没有关照李某某和不追究刘某某刑事责任的职权;杨某向梁某某汇报朱某某被伤害案相关情况,属于履行工作职责,没有利用职务之便为他人谋取利益的主观故意。据此,不构成受贿罪。

基于上述辩护观点,辩护律师整理、制定的提问提纲如下:

(1)问:你对起诉书有什么意见?

答:有两点意见:一是虽然我收到了梁某某给的五万元,但这五万元是给我一中队,不是给我个人的,最终也用作中队的经费;二是我没有经办朱某某被伤害一案,虽然告诉了梁某某关于朱某某被伤害案件的信息,但我从来没有答应帮忙关照李某某和不追究刘某某的刑事责任,我也没有这些权力。

(2)问:你所在的一中队是什么性质的单位?

答:正股级单位。

(3)问:朱某某被伤害一案是由哪个单位办的?

答:市公安局刑侦大队。

(4)问:你所在的一中队负责哪方面工作?

答:负责整理呈捕、移送审查起诉的案卷材料。

(5)问:你们队在办理朱某某案件过程中,梁某某有没有找过你?

答:有。

(6)问:梁某某有没有向你提出什么要求?

答:只是了解一下案件情况。

（7）问：但在你以前的供述及亲笔供词中说关照李某某，以及不让刘某某牵入案件，而今天庭审说只是告诉了一下他案件信息，你能解释一下为什么不一样吗？

答：当时，纪委说只要我认了，就作内部处理，不会追究我责任。所以，我就听从组织安排。但我还是被起诉了，所以，我要说出事实真相。

（8）问：梁某某向你打听案件情况时，有没有说要给你或者你们中队好处？

答：没有。

（9）问：你有没有收到梁某某给你的五万元？

答：我自始至终都承认收到了。

（10）问：梁某某给这些钱时，怎么对你说的？

答：让我拿给队里的兄弟们吃饭。

（11）问：那你收到这五万元后如何处理的？

答：我都用在队里的日常开支。

（12）问：你给队里支付这些钱时，有没有说这些是什么钱？队里知不知道这些是什么钱？

答：不知道。队里经费由我全权负责。所以我没有告诉他们。

（13）问：关于五万元的处理，庭审前的说法和刚说的不一样，为什么会这样？

答：纪委骗我，庭前说的不是真的。以今天庭审说的为准。

（14）问：你们中队的经费从哪里来？每年大概多少？

（15）问：经费用于哪些方面？够不够用？

（16）问：不够，那如何解决？谁负责解决？

（17）问：你是什么时候去纪委反映收梁某某五万元的情况？

（18）问：当时你找了纪委的谁？

5. 会见

万事俱备，辩护律师可以带着证据材料（已核实相关事实、证据）、辩护意见、提问提纲去会见当事人。这是开庭前最后一次会见当事人，今天要告诉他庭审怎么开，要注意些什么，会问些什么问题，如何应对等等。具体来讲，会见要做以下两方面工作：

（1）介绍辩护观点

辩护律师梳理了本案全部证据材料，撰写好了辩护意见，对本案有了全面了解。接下来，辩护律师要向被告人介绍上述情况。在这个过程中，辩护律师需要毫无保留地将对本案的意见传授给被告人，让其在明天的庭审过程中充分发挥。

辩护律师向被告人介绍案件的辩护思路及辩护观点，原则上需要注意几个细节：一是选择适用于被告人的介绍方式。不同的被告人，文化层次、理解能力、学习能力都不一样。说白了，就是有些被告人笨些，有些被告人聪明些，除了耐心辅导之外，还要用相应的方式传授知识。有文化的人，就告诉他这是"共同犯罪"、"是从犯"；没文化的人，那就告诉他这是"一起打架"、"是老二，不是老大"。二是多谈事实，少谈法律。当事人毕竟是非法律人士，在短时间内要把他训练成专业人士，在法庭上用法言法语，那基本上是费力不讨好的事。所以，让当事人把事实上的观点讲清楚即可。

（2）模拟开庭

一般人上法庭的不多，那两次上法庭受审的就更少了。所以，没有辩护律师辅导之前，当事人对庭审是无知的。常说"无知者无畏"，有很多当事人在庭审中对法官、检察官很不屑，大有"老子18年后又是一条好汉"之气概，最终导致了重判；而有些当事人因无知胆小如鼠，吞吞吐吐，什么都不敢说，最终也会导致重判。所以，开庭前模拟开庭显得非常重要。通过模拟开庭，除了让当事人熟悉开庭程序，更重要的是将上述辩护观点落实到庭审的每个环节。

现在开始模拟开庭（与正式的庭审还是有很大差别）（以问答形式描述庭审各个角色）：

◎前奏

审判长：核实你的身份，某某是法官，某某是检察官，你有申请回避的权利，出示证据的权利，自行辩护及委托辩护的权利……

当事人答：知道，不申请回避。

审判长：今天法庭审判分为法庭调查，法庭辩护，被告人最后陈述三个阶段。现在开始法庭调查，公诉人宣读起诉书。

◎法庭调查

公诉人：宣读起诉书（略）。

审判长问：被告人你对起诉书有什么意见？

停！该问题很重要，答案是整个辩护提纲挈领的总结语，是辩护观点的总纲。纲举则目张，所以，辩护律师告知被告人时一定要让当事人明白，并熟练简洁地回答法官。而该问题的答案，往往就是庭审提问提纲的第一个问题。

当事人答:我没有杀人,我没有犯罪/被害人跟我是通奸关系,我没有强奸她/我认罪,但我是自首……

审判长:现在由公诉人提问。

公诉人提问。公诉人提问的目的,是通过提问展示被告人的犯罪行为,是围绕被告人构成犯罪而展开。所以,别想公诉人的提问对被告人有利。即使看起来有利,也要记住"有馅饼的地方,必有陷阱",接下来可能就是一个致被告人于死地的问题。

被告人回答。如果被告人认罪的案件,对于公诉人的提问如实回答就是了。如果被告人不认罪,作无罪辩护的案件,被告人回答公诉人的问题,必须紧紧围绕辩护观点应对回答。一个优秀的辩护律师,在制定提问提纲时,应该预判公诉人会问哪些问题,并辅导被告人如何回答。此时,模拟开庭就是将这些问答对白,演练熟悉。

辩护律师提问。这个时候的模拟只是练兵,有没有效果,跟辩护律师水平有绝对关系,取决于提问提纲中能不能把案件所有问题都预判到。

被告人回答。如果被告人的回答,语言重复啰嗦,或者答非所问,抓不住主题的,辩护律师要纠正,重复排练,直至其回答如流。

审判长提问(庭审一般会发生,但模拟时,就没必要有审判长发问)。当公诉人和辩护人没有把案情全面展开,给审判长留下疑问时,审判长会补充发问。至于审判长会问些什么,原则上,辩护律师制定的提问提纲都应该涵盖。

审判长:现由公诉人出示证据。

公诉人:现出示本案证据一、二、三……

审判长:现由被告人发表质证意见。

被告人:对于本案证据有几点意见:一是……二是……三是……

对于证据的意见,在介绍辩护观点时,已经辅助被告人梳理清楚,哪些证据不具有真实性,此时被告人可以很轻松地发表质证意见。至于哪些证据不具有合法性,哪些与本案无关,不具有关联性的意见,由辩护律师发表。

◎辩论阶段

审判长:现法庭调查结束,进入法庭辩论阶段,先由公诉人发表公诉意见。

公诉人主要是讲本案事实清楚,证据确实,足以证实被告人构成了犯罪。还会对被告人认罪态度作些点评。像刘志军受贿、滥用职权案,公诉人说刘志军认罪态度较好,可酌情从轻处罚。如果被告人不认罪的案件,公诉人还会加一句,被告人认罪态度差,建议从重处罚之类的话。

审判长:被告人,现由你自己先行辩护,还是由你的辩护律师先发表辩护意见?

被告人在庭审时这个问题可以随便回答。如果被告人想自己先说,围绕辩护观点,把关键事实都讲清楚;如果想偷懒,那就说"让我的辩护律师先说"(听辩护律师发表完意见,说同意,基本上就没必要再发表什么意见了)。但模拟的时候,还是要被告人围绕辩护观点发表辩护意见,避免有些审判长直接说被告人你先发表你的辩护意见,如果不熟悉,那就很狼狈了。所以,模拟时,一定要训练被告人发表辩护意见。

法庭辩论原则上公诉方与辩护方应该是平等的。但基于现有司法环境，有些法院辩论阶段，一轮就结束了，有些法院会组织两轮；但有的法院，搞一轮半，就是公诉人发表完第二轮意见，对辩护意见驳斥完后结束辩论阶段，不允许辩护律师发表第二轮辩护意见，而且是绝对性的。所以，从这里可以看出，控辩之不平等。

审判长：现法庭辩论结束，由被告人作最后陈述。

被告人：……

法庭调查及辩论阶段，原则上对本案事实、证据等法律问题，都已经发表完意见。所以，最后陈述时，被告人需要抛开法律问题，对法院提出一些请求。比如无罪的案件，就讲讲自己有多冤枉，搞得家破人亡……希望法院能够主持公道，判决无罪；如果是有罪案件，那就一把眼泪一把鼻涕的说说自己上有70多岁的老母亲，下有半岁一岁的小孩要抚养，请求法官大发慈悲，从轻判处。刘志军哭了十几分钟，说几句没帮助实现中国梦，就把命保住了。所以，这些还是很管用的。具体方式，就前面讲的营造适合本案的氛围。

至此，庭前工作准备完成。再交代被告人回仓后，像放电影一样，好好回忆今天会见所讲的内容。反复回想，熟悉后，好好睡觉，养足精神，明天开庭。

三、开庭进行中

孙子曰："兵无常势，水无常形。能因敌变化而取胜者，谓之神"。

庭审亦如此。无论辩护律师庭前准备如何充分，庭审都不可能按部就班。因为审判长、公诉人、被告人都是人，都具有能动性、多变性，庭审过程中或多或少，总会有一些出乎意料的事件发生，所以无论辩护律师庭前如何努力，准备充足，庭审仍需要步步为营，随机应变。

前面在庭前会见阶段已经把庭审基本程序介绍过了,大家也都知道开庭程序基本上是怎么回事,就不再按程序阶段来介绍如何开庭了。简单列几个"无常形、无常势"的精彩部分,以及辩护律师庭审如何表达等介绍给大家。

1. 提问同案被告人

辩护律师应该明白,无论是自己的被告人,还是同案被告人都是案件的"活证据"。在整个案件中,辩护律师要控制好自己的被告人,虽有难度,但通过会见辅导,还是可以实现。而对于其他同案被告人,辩护律师不可能去会见,更不可能帮他理清案件事实,辅导他如何庭审。否则,就是串供。只有到开庭时,辩护律师才能见到其他同案被告人,观察他们的长相、声音等,以及这些所体现出来的性格特征(只是表面的)。短时间内要把握其他同案被告人的性格,通过询问的方式,从他们嘴里得到有利于当事人的信息,这对于辩护律师来说,是非常高难度的。

要做到这一点,辩护律师至少要做好以下几方面的工作:

一是熟悉同案被告人庭前笔录中的说法。

前文论述辩护律师庭前复印卷宗时要求复印全部言词证据,其中就包括同案被告人的供述。查阅卷宗时,需仔细研读同案被告人的供述,注意其供述前后对比,以及与在案其他证据的对比,发现矛盾,发现可用之处。

二是掌握提问技巧。

庭审对其他同案被告人提问,就是要实现上面的两个目的:找出对自己当事人有利的部分,庭审予以巩固;找出对自己当事人不利部分,想办法在庭审中予以排除、否定。要实现这些目的,庭前是绝对不能沟通的,否则就串供犯罪了。那就只能通过一定的技巧来实现这个目的。简

单总结一下,主要有以下几个技巧:

(1)以同案被告人之前有利于当事人的供述为引子,进一步固定有利事实。辩护律师是在公诉人、同案被告人自己的辩护律师对其都发问完后才可以对同案被告人发问。此时,同案被告人的供述,已经有两个部分,一是庭前讯问笔录中的供述;二是前面提问中的回答。同案人这些供述和辩解中,有些对自己的当事人有利,有些有害,有些与当事人无关。对当事人有利部分,辩护律师在提出问题之前,可以以引子的形式固定下来。例如说:

你在某年某月某日第几次讯问笔录中说:……,是不是事实?然后我再问你一个问题……

你刚才回答公诉人说……(总结对自己当事人有利内容),然后我再问你一个问题……

需要注意的是,有些审判长反感这种方式,认为引子过长,让辩护律师直接问问题。此时,辩护律师视情况而定,有些需固定的事实,答案确实已经很明确,直接省去。有些需要展示给法庭的,不妨换个角度,换个方式,直接提问。即使被审判长打断、提醒,没面子,也在所不惜。辩护律师要做的就是想尽一切办法得到想要的答案。

(2)利用同案被告人供述的前后矛盾,排除对自己当事人不利部分的供述。同案被告人庭前多次供述,庭审已被公诉人、辩护律师轮番提问,前后供述之间,一般都会有矛盾之处。如果这些矛盾之处,与自己的当事人有关,且对其不利,可以就矛盾之处提问,使同案被告人的供述不具有可信性。该方式的利用要见好就收,不能用得太过,更不能激起同案被告人对立情绪。

(3)利用同案被告人供述的不合常理,排除对自己当事人不利部分的供述。该技巧，其实与上面方式一致，要把握的度也一样。所以，就参照上述原理。

上述是技巧，是工具，本身没有对错。作为辩护律师，在争取当事人利益过程中，一定要依照法律，遵循事实，而不能歪曲事实，颠倒黑白。

三是必须遵守几大原则，切不可违背。

因为庭审变化莫测，以下几个原则，其实，无论是提问自己的当事人，还是提问同案被告人，辩护律师都必须遵守。

（1）当你无法预测一个答案时，该问题绝对不要提。无论是对于自己的当事人还是别人的当事人，如果你无法预测答案时，绝对不要提。说不定这样的问题会捅出一个大马蜂窝，提比不提的危害更大。所以，宁肯不提。

（2）不达目的，坚持补充提问。第一原则，你的提问必须实现目的。如果该目的不能实现，或者其他人如审判长的提问动摇或影响到你预设的目的，一定要通过补充提问，"曲线救国"式地再为目的服务。

（3）避免与被告人产生对立情绪。每个被告人有不同的特点，有些是随意的人，有些是严谨的人，等等。根据不同的人确定不同的方式。但无论是什么样的被告人，在对其提问时，无论是自己的当事人，还是别人的当事人都必须避免与被告人产生对立面。否则，即使他说错了，他也会自编很多理由，把自己的错自圆其说。而这恰恰是一个辩护律师最恐惧的。

（4）提问都要围绕辩护观点服务，绝对不能为了提问而提问。换句话说，问的每一个问题都必须有目的，且该目的是为辩护意见服务的。记住，绝对不能为了非案件专业本身之外的目的，比如为了表现而提问。这些方式对案件本身是否有害，很难评价。但为了排除有害的可能性，最好不要提这些无用的问题,以免节外生枝。

掌握好提问技巧,在中国的刑事法庭上绝对可以笑傲江湖。同时,也会让你觉得中国这种死板式的庭审,具有美国交叉询问式的精彩。举个案例,看看一个无罪案件的提问。

● **李某某、江某某被控敲诈勒索案**

案情简介:江某某协助李某某处理村民纠纷,因两边村民情绪失控,双方发生打斗。打斗过程中,江某某被另一方村民梁某某用刀捅致轻伤,治疗一个多月,花去医药费5 000多元。某日,江某某发现梁某某,要求梁某某赔钱,否则报警。后在李某某调解之下,梁某某赔偿江某某2万元。江某某拿到钱后,给李某某1.5万元。"三打两建"时,李某某、江某某被指控以威胁手段索取梁某某2万元,构成敲诈勒索罪。

李某某的辩护律师梳理案情,通过对李某某的庭问,展示、固定的事实:李某某应梁某某的要求,对其与江某某伤害一事调解,梁某某同意私了,赔偿2万元,不再追究责任。事后,江某某将其中的1.5万元给李某某,偿还赌债。

公诉人对江某某的提问:主要是围绕江某某、李某某对梁某某实施威胁,索取了2万元,后分赃的事实。

因江某某没有辩护律师,现轮到李某某的辩护律师对江某某提问:

为江某某理清事实,巩固有利于李某某的提问:

(1) 问:你是怎么样受伤的?

答:被梁某某用刀捅伤的。

(2) 问:你受伤有没有作鉴定?

答:有鉴定为轻伤。

(3) 问:你治疗花了多少钱?

答:5 000 多元。

(4) 问:治疗花了多少时间? 休养了多长时间? 谁护理你?

答:治疗花了一个多月,休息了几个月,差不多三四个月没找工作,主要是我老婆照顾我,她也没办法上班。

(5) 问:你平时做什么工作,每个月有多少收入?

答:我自己开小吃店,一个月也有四五千块钱收入。

排除对李某某不利部分的提问:

(6) 问:你跟梁某某协商时,李某某是谁叫过来的?

答:我不知道,反正我没有叫李某某过来。

(7) 问:那你之前在公安讯问笔录中说,李某某是你叫过来的?

答:我是说梁某某说私了,我说可以。梁某某又说,那叫你们老大李某某过来,我说可以,我让他自己叫。我还对梁某某说,李某某只是我老乡,不是我老大。之后人多,我就不知道李某某怎么就到现场来了。

(8) 问:你平时有没有跟老乡李某某一起赌过博?

答:有时候会玩一下。

(9) 问:你赌博有没有欠李某某钱?

答:有。

(10) 问:你欠李某某多少钱?

答：记不清楚了。

（11）问：那你给李某某 1.5 万元是什么钱？

答：是还赌债。

（12）问：那你在公安机关讯问笔录中说，拿到 2 万元后，为感谢李某某分给他 1.5 万元，自己拿医药费就算了，为什么跟今天庭审说的有矛盾？

答：我之前跟公安说了，但公安说赌债不合法，不能成立，这是分钱，所以就按公安的说法说了。

判决结果

通过庭审问答对白，展示了案件事实，就是一起故意伤害事件的协商解决过程，虽然江某某医药费只花了 5 000 多元，赔偿 2 万元，但因误工费、护理费、营养费、精神损害赔偿等损失存在，也合情合理。所以，最终法院判决不构成犯罪。

2. 询问证人

其实，询问证人是庭审最美最具魅力之处，国外还有专门的询问学这门课程。

尽管现在死嗑派律师不断努力申请证人出庭作证，但到现在为止，还是很少案件有证人出庭作证。所以，中国的刑事辩护律师对于询问证人这方面的经验是很欠缺的。如果现在庭审证人真的都出庭作证，辩护律师不一定能掌握住。

本人从事刑事辩护工作已经六七年，辩护案件上百件，但有证人出庭作证的案件，至今只有一件——杨某受贿案。为了出好这次庭，前前后后学习了一个多月关于如何询问证人的资料。有太多的东西不懂,有技巧性的东西、有心理学方面的知识……要询问好证人,真的需要懂得天时、地利、人和。结合杨某受贿案询问出庭的证人案例,说说如何询问证人的一些心得。

● 杨某受贿案证人出庭简介

杨某受贿案简要案情,上文已提到,此处不再介绍。辩护方申请出庭作证的证人是杨某所在一中队的警察队员,作证证明杨某作为一中队队长,负责中队全部经费收支管理,并向中队成员发放补贴、奖金等事实。

要作好询问证人出庭作证的工作需要做很多前期准备,其中对案件事实、证据必须全面了解,除此之外,还要把握好询问理念和技巧。

(1) 明确是辩护律师从证人处那里获得信息,而不是相反

任何询问,我们都很清楚,是辩护律师从被询问的证人处获得信息。让被询问的证人告诉我们到底发生了什么,以及对自己当事人有利的那些是怎么回事。这是询问证人的基本理念,所以,我们必须坚持让证人知无不言,言无不尽(限于对自己当事人有利的)的原则。一切方法技巧,都必须以此为理念,以此为原则。

所以,在杨某受贿案件中,我们必须明白是从出庭作证的警察那里得到杨某担任一中队长负责全队经费收支,发放钱款的事实。为了我们的当事人,一定要把证人作为我们的上帝!

(2) 把握询问的基本流程及必要的注意事项

整个庭审询问证人有一个基本流程。首先,简单的提问引导,为其陈述指明方向,让证人进行陈述。证人陈述期间,尽量避免插话,以免打断陈述,让其全面陈述所知悉的事项。

其次，应让证人对所做的陈述进行补充。证人陈述完后，可能会掉过头来补充某个细节，此时，应让证人补充，保持其陈述的完整性。

最后，进入真正的询问阶段，针对证人所陈述的部分进行提问，当然这些提问，都是围绕着辩护目的展开。这个阶段，如要考察证人证言的可信性，一般可通过细节性提问考察证人是否真正了解情况。而对于证人没有陈述而又是有利于自己当事人的一些细节问题，此时只能采取引导性提问来获取被询问人自己不会主动涉及某一具体问题的信息。

（3）关注被询问的证人

要想从被询问的证人那里了解必要的事实以利于下一步的工作，讲话要和颜悦色，表示理解对方，夸赞对方的工作等，建立良好的沟通方式。如果想恰好达到相反的目的，要让被询问人不知所措，让人对他做的证词产生怀疑，那么做法就可以采取相反的方法。这跟我们平时与人相处的原则相同。

所以，辩护律师一定要记住，凡是想从别人那里获得信息就必须关心对方。律师一定要认识到自己的行为所产生的对外效果，避免最终事倍功半，只有这样才能真正成为一种有用的询问。

（4）提问要避免三大错误

辩护律师无论是在对被告人提问，还是询问证人都需要避免三大最明显的错误：一是提问内容注意不要隐含指责。这种提问只能得到被询问人的辩解，而不会得到事实。二是不要把多个问题混在一起。许多问题叠加在一起，这给不讲真话的人赢得思考的时间，而另外一些被询问人则会选择较容易回答的问题，或者最后一个问题。总之，不会全部回答。错失信息，显然得不到想要的事实。三是避免与法官产生冲突。庭审过程中，经常出现法官打断辩护律师发言的情形，比如说：这个问题已经问过多次了,辩护律师不要再提问了。辩护律师该如何回应呢? 有的辩护律师一再强调自己有提问权,并强烈要求提问。此时,有的法官可能很直接地坚持拒绝,而有的法官可能以明显不耐烦的语气说道:那你问吧。法官说完后可能看卷宗,可能跟合议庭其他法官交流去了。很明显,他根本就没有听。他所做的,只是想说明辩护律师的提问是多此一举。辩护律师表面上获得了"胜利",把要提的问题提出了,但实质上呢? 在场的人都看到了法官正在报复性惩罚辩护律师。

辩护律师提问的初衷是让其他人,特别是法官专心致志地听,并记下证词内容,那么他究竟该如何处理呢? 我想不妨先主动迎合法官,承认他"说的对,确实已经提过了",肯定他的工作能力和考虑问题的周全性,然后再转移话题,"但是我有一个好的想法,会引出一个与案件相关的另一个关键问题,所以请求法官让我补充提一个问题"。这时,法官基本上会同意律师继续提问。

3. 质证

庭审提问,基本上已将案件事实(故事)展示给观众。接下来,就是看看这个事实都有些什么证据,证据本身是否有效,能不能证实这个事实。质证,就是公诉人宣读、出示证据,由被告人和辩护律师围绕证据的合法性、真实性、关联性(下称"三性")发表意见。有些案件也存在互换之情形。

质证,原则上涉及三个层面:一是单个证据的可采性问题,也就是"三性"问题;二是数个证据真实性问题,也就是通过印证去发现哪些是真实的,哪些是不真实的;三是全案证据综合评比,是否证据确实充分。

现在庭审,公诉人出示证据的方式,一般可以分成如下两类:一是按组出示证据,一次性宣读某一方面或某一个罪名的全部证据;二是按份出示证据,每一次出示一份证据。

公诉人不同的证据出示方式,对于证据的质证,辩护律师相应采取不同的方式。

对于按组出示证据的方式,应采取综合式的评价方式:

① 关于真实性,可以从几个角度去论述:一是可以从证据本身是否前后矛盾,与其他证据之间是否相互矛盾,综合进行对比,说明其是否具有真实性;二是从证据的来源角度,比如人证的利害关系等说明存在利害关系,以此推定其虚假性,不具有真实性。掌握诉讼证据证明讲究印证的规则,然后以此进行相关评价。② 关于合法性,主要是结合相关法律规定等作出判断。③ 关于关联性问题。公诉人在宣读证据具有一定的倾向性,一般偏向于有罪部分的宣读。作为辩护律师在公诉人出示某份证据时,如果有利于当事人的部分,公诉人没有宣读,辩护人可以从关联性角度,宣读该部分,并告知该部分用于证明对当事人有利的事实。

对于按份出示证据的方式,对于客观性、真实性,相对来讲质证意见比较零碎,需要对每一份证据"三性"发表意见,且不能综合评价,此时,只能概略性地提出观点,然后在辩护意见中再作综合评价。这也是综合评价方法难以适应的原因。至于合法性、关联性,相对来讲,方法与综合式一致。

4. 辩护律师的庭审表达

出庭辩护的律师形形色色,有的西装革履,有的拖鞋加短裤,有的长发飘飘,有的是个光头……;说起话,有的像滔滔江水,口若悬河,有的吞吞吐吐,断断续续……;辩论起来,有的一针见血,有的跑题千里,而有的不痛不痒,打打太极……总之,有的让人喜欢,有的让人讨厌,有的记忆深刻,有的平淡无奇。我比较笨,人又不帅,只希望做一个不让人生厌的

辩护律师。简单来讲,要做好以下几方面:

(1)庭审用语必须符合辩护律师的身份。

辩护律师作为专业人士,对于涉案的事实、证据、法律适用、定性等都必须确切地提出意见,是或者不是,以及相关理由和依据。而不能说不懂或不能确信,否则,当事人请辩护律师干什么?举几个庭审中辩护律师不当用语:

○"我对于当事人是否构成黑社会性质组织罪不能判断,如果认为是,我的当事人在里面起次要作用,是一般参加者;如果认为不是,那我的当事人只构成敲诈勒索罪。"试问作为辩护律师,你不为自己当事人是否构成黑社会性质组织罪发表辩护意见,当事人花钱请你干什么呢?

○"我对于被告人是否构成犯罪,就不说什么了。我只想说说被告人在家是孝子,平时遵纪守法,邻里和睦……"

○"我对起诉指控被告人构成故意伤害罪没有异议,但被告人是事后参与的,没有共同犯罪的故意。"

公诉人第二轮公诉意见:辩护律师你到底是做有罪辩护,还是无罪辩护,如果你认为没有共同犯罪故意,那就是无罪辩护,但你又对指控犯罪不持异议,你先确定辩护观点,有罪辩护还是无罪辩护,我再发表第二轮公诉意见。

(2)庭审用语逻辑清晰,用词简洁,表达流畅。

要做到这一点,在形式上,可以采取"第一、第二"等方式来表达。而且这种表达方式可以辅导给当事人。这样也有利于书记员记录。在内容上,对于有准备的辩护意见,事先准备必须有条理,有层次性,抽丝剥茧。即兴发挥,临时总结,也同样一个一个问题陈述,不要把几个问题、多个观点混放在一起论述。另外,辩护律师要在庭审过程中表达流畅,绘声绘色,必须做到熟悉整个辩护意见,最好能背下来。总之,庭审表达,即兴演讲,内容要详实,表达要流畅,最好多看看卡耐基口才学。

（3）用词及语调必须恰当。

关于用语问题,只需记住现有的司法状况下,检、法是一家人。无论你的用语冒犯了公诉人还是审判长,都存在报复性司法的可能性,且可能性非常大。尽管庭审时,律师可以逞一时激情之快,但结果却重判自己的当事人。所以,无论如何,辩护律师用语用词以讲清道理为目的,至于语调、语气以平和为主,不卑不亢。凡是不以当事人利益为重的一切语调、用词,都是有违辩护律师的职业道德。

说白了,刑事案件开庭也就这么回事,作为一个辩护律师能做的也就这些,没有什么神秘。但这个深入浅出的"电视剧",演绎能否成功,对于当事人来讲,完全取决于辩护律师这个"编剧"、"导演"、"第二号主角"。请辩护律师永远记住,第一号主角是被告人,不要喧宾夺主,不要把刑事辩护搞得神秘兮兮。

谈谈辩护律师收费的那些事儿

说起辩护律师收费的事儿,现在可是五花八门。凡是圈子里有人遇到点事,跟辩护律师(其中有一部分是无牌无照的掮客)打过交道的,都会略知一二,总体来讲,水太深,花样繁多。

我想说说在现有司法状况下,个别辩护律师收的钱,并非是律师费。其中,有很大一部分是掮客费,说白了就是与权力勾兑的费用。

据"江湖"传闻,掮客费也分为两种。一种是真的。确实与权力勾兑,实现了权钱交易,达到了目的。比如说找经办法官,把三年以下有期徒刑的案件,压底线判六个月;找主管副院长交易,判个缓刑;找审委会成员勾兑,案件最终确实没有判死刑等等,从而收取掮客费用。另一种是假的。假的,又分为两种形式,一是利用信息不对称、时间差而收取掮客费用。换句话说,也就是打听个消息,行就收钱,不行就退钱。比如说通过书记员事先了解到案件结果不判死刑,这时谎称找人可以不判死刑,而收取高额的掮客费用;二是纯粹的欺骗,根本就没有与权力勾兑。比如说他认识什么院长、主管副院长、刑庭庭长等,能把案件办到什么程度,但事实上根本不认识。

孰真孰假,当事人有此需求,有人提供市场,又有人权力出租,又有什么好评价的呢。当然,"江湖"上这类掮客一大把,有辩护律师如此,更有非律师如此。这些事与辩护律师收取的律师费无关,不在我想谈的那些事儿范围之内。所以,在此谈的律师费,是纯洁的,它的对价就是辩护律师为你会见,为你撰写辩护词,为你出庭,为你辩护所花的时间、汗水、智慧……

一、律师费就是诊金

每当说起律师,都会说起像医生,医者仁心,救人于水火。律师的职业道德规范,本应源于医生的职业道德规范。同理,辩护律师所收取的律师费,我一直认为跟医生所收取的诊金性质一样,就是劳务费。

说起医生收诊金的事,我就会想起叶天士给皇帝治好病后,拒绝皇帝赏其黄金万两所说的那席话:"自行医以来,只收诊金,从不接受病人的任何馈赠,无一例外。行医三十余载,深知医道通于天道,医者有割股之心,而不可有丝毫一己之念。这医术,乃济世之术,医者关乎千万人之性命,人命关天,若把医术当成求名求利之术,则无异于盗匪。深知医术万不可和钱财扯在一起,只有无私无我,医术方可圆融如意,医道方可为正道。"

把辩护律师这份职业当成求名求利之术,何尝不是无异于盗匪。被告人家属听说能保住被告人不死,或早一点自由,谁会不愿意倾家荡产来相换?但如果辩护律师借此求名求财,与盗匪又有何异。如还美其名曰是市场规律,堪称无耻之极。

说这么多,我只是想倡导辩护律师能够准确把握律师费的性质,根据自己所付出的汗水、劳动收取相应的律师费,也想让普通百姓明白律师费到底是个什么玩意儿,为什么有人收一万、二万,有的人要收几十上百万。

二、计算律师费的因素

在广州,根据广东省物价局指导的辩护律师收费标准,有两种方式:一是按时收费,每小时 200 元～3 000 元,可上下浮动 20%;二是按件收费,侦查阶段 2 000～6 000 元,审查起诉阶段 6 000～16 000 元,审判阶段 6 000～33 000 元,复杂的案件可上调至 1.5 倍。对于一般案件来讲,两种收费方式都差不多,但对于一些黑社会案件、多人多单的案件,因费时间较多,按时收费计算的律师费会多些。总体来讲,计算律师费会考虑以下几个方面的因素:

1. 辩护律师的专业素养

辩护律师的专业水平,肯定与收费挂钩。这就是为什么市场上总让人觉得大律师收费会高,小律师收费偏低的现象。只是,我们这个市场没有区分大律师、小律师的标准。很多人,找辩护律师采取找中医的标准,只要头发花白,就有水平,是大律师。辩护律师这个职业虽跟中医有相似之处,都讲经验。但也有不同,辩护律师办理案件,跟中医看病不一样,中医看病看得越多,积累的经验越多,把握症状越准,解决问题能力自然越强。但刑事辩护不一样,中国的法律在不断更新,如果没有学习,老律师的经验就是错的。所以,有时经常还听到 70 多岁的老律师说,这个案件应当定反革命流氓罪的笑话。收费标准,有点虚,简单来讲,就是当事人看他分析问题到不到位,能不能抓住问题的本质,更主要的是你看得顺不顺眼。至于形式上的学历呀、学校呀、头衔呀,都不重要。很简单,这些不能当饭吃,也不是靠这些为你辩护的。

2. 案件罪名数量

当事人涉及几个罪名,这是确定工作量最基本的因素。一个罪名涉及的证据材料、法律问题,相对于两个或三个罪名,就会简单很多。反之,就要复杂很多。所以,先看看几个罪名,是确定律师费的第一步。

3. 同案被告人数

第二步,就是看每个罪名有无涉及共同犯罪的问题,如果有,看看有几个被告人。单个人犯罪的,相对共同犯罪的,肯定要简单;两个人共同犯罪的,相对二十个人共同犯罪的,也会简单很多。反之,就不简单了。所以,看每个罪名涉及多少共同被告人,是计费的第二个因素。

4. 单个案件的复杂程度

罪名确定了,被告人人数也确定了,接下来就是看看案件本身是否复杂,比如涉及罪与非罪的问题,死或不死的问题,这些都比较复杂,而且压力会很大。所以,这类案件收费相对会高很多。而那些事实清楚,证据不多,又无法律争议的案件,相对简单,收费完全可以就低计算。

除了上述计算律师费的因素之外,当事人的经济实力会成为辩护律师计算律师费的一个重要因素。换言之,就是当事人越有钱,辩护律师要求收取的律师费就会越高。这种现象可以说是一种普遍现象,但是否合理,只能用"存在即合理"的哲学来答复了。我认为,辩护律师在一定程度上,以这种"劫富济贫"的方式收取律师费,也无可厚非。但还是需要围绕在辩护律师本身所付出的时间、精力、智慧为对价的。有钱人就多收,没钱人就少收,听起来很好听,但不慎就会变为谋财谋利的盗匪。

顺便提一句,当事人聘请律师,一定要懂得"对人一块一,对物九毛九"的道理。这个道理就是,如果一件东西值一块钱,砍到九毛九,东西不会变,得到的还是那东西,要砍;如果一个人的服务值一块钱,砍到九毛九,虽成交了,得到的服务却可能变了,降低了,不能砍,要主动给他一块一,就能得到超值回报。珍惜你的辩护律师,尊敬你的辩护律师,信任你的辩护律师,他会忠诚于你,全心全意为你出谋划策,给你带来意想不到的惊喜!

有罪辩护

"观千剑而后识器"，"品百案而后知得失"，刑辩之魅就在于穷尽有利于被告人的量刑情节。

有罪之从轻辩护

根据《刑法》第六十一条之规定，量刑应当根据犯罪的事实、犯罪的性质、情节和对于社会的危害程度依法判处。按照理论通说和司法实践规律，量刑考虑的要素主要包括社会危害性要素和人身危险性要素两类。社会危害性要素是指由犯罪的客观危害和犯罪人的主观恶性综合体现决定的因素，人身危险性要素是指反映犯罪人再次犯罪可能性的因素。具体可以分为法定的量刑要素和酌定的量刑要素。

法定的量刑要素由《刑法》总则和分则分别规定。总则规定的量刑要素包括未成年人犯罪、限制行为能力的精神病人犯罪、盲聋哑人犯罪、防卫过当、避险过当，以及犯罪的预备、未遂、中止，共同犯罪中的首要分子、主犯、从犯、胁从犯、教唆犯、累犯、自首和立功等。分则规定的量刑要素包括分则条文在罪状描述中反映的社会危害程度，如犯罪行为的程度、犯罪的次数、犯罪的数额、犯罪的后果、犯罪对象的个数等。而酌定的量刑要素一般包括犯罪对象、犯罪手段、犯罪时间和地点、犯罪动机和起因、犯罪前的一贯表现、犯罪后的态度、退赃和赔偿情况等。

笔者从辩护律师的角度全面考察了《刑事审判参考》、《人民法院案例选》认定构成犯罪的案例，对有罪案件中辩护律师提出的，最终法院采纳的从轻量刑情节进行比较归纳，辩护律师在有罪案件的辩护中有必要遵守两大原则,掌握和灵活运用二十四种从轻量刑情节。

一、辩护律师遵守的两个原则

(1) 有利于被告人的情节,应当全面提出。之所以这么做,是因为法官判决是以控辩双方所提事由为依据。法官不可能凭空在判决书中评判被告人曾经是否遵纪守法,表现一向良好等等。所以,作为辩护律师不能因为有些从轻理由简单而将其忽略,有必要全面提出,作为法官量刑依据。

(2) 对于法定、酌定的"从轻、减轻或免除处罚",应理解为在没有其他特殊情况的条件下,一般均应从轻、减轻或免除处罚,而不是既可以这样,也可以那样。所以,辩护律师自己要有这种信念,并将这种信念传递给法官。辩护律师在发现这些从轻量刑情节,一定要坚信法官必然会从轻量刑,并作好全面辩护工作。

二、辩护律师须掌握和灵活运用二十四种从轻量刑情节

1. "如实供述犯罪事实"的多角度运用

刑事辩护中,与"如实供述犯罪事实"相关的从轻情节,可归纳为自首、坦白、自愿认罪、认罪态度好等。

(1) 自首的运用

行为人具有自首情节,辩护人一般都会请求法院从轻、减轻或免除处罚。但很少有人会进一步辩解自首的司法价值,也较少论证自首司法价值的大小对从轻量刑幅度的影响。如余罪自首的,相对于被通缉迫于压力而投案的自首的司法价值大,可以判处死缓。再如,自首供述的犯罪事实事发多年,一直没有侦破,相比一般的自首,其司法价值更大,更

有利于维护法律的尊严。司法价值大,相比之下,从轻的幅度也应当较大。

（2）坦白的运用

被动归案,如实供述自己的犯罪事实,虽不构成自首,但构成坦白。《刑法修正案八》明确将坦白列为法定的从轻情节,并且规定"因其如实供述自己罪行,避免特别严重后果发生的,可以减轻处罚"。如坦白关键犯罪事实就可以作为从轻量刑的情节。再如,对坦白余罪的犯罪分子从轻处罚,更有利于鼓励犯罪分子主动配合司法机关工作,及时破案、降低侦查成本,也有利于罪犯的真正悔过、改造。由此可见,坦白的内容不同,司法价值的大小不一样。这些道理,正是辩护律师应该把握和运用的。

（3）自愿认罪

根据《关于适用普通程序审理被告人认罪案件的若干意见》规定,"对自愿认罪的被告人,酌情予以从轻处罚"。也就是说,自愿认罪是明文规定应当从轻的情节。通过案例的考察以及对实践的观摩,发现较少有辩护人提出该酌定情节,特别是有自首情节并存在的情况下,几乎没有辩护人提出该观点。自首与自愿认罪是不相矛盾的,自首节约的司法资源主要体现在侦查阶段,而自愿认罪则体现在庭审阶段,其设置的目的完全不同。所以,并不存在重复评价的问题。

（4）认罪态度好

一定程度上自愿认罪与认罪态度好具有同质性,但其侧重点不同。自愿认罪侧重于被告人的认罪节约了庭审程序,体现了其认罪的程序价值。而认罪态度好,侧重于其主观悔罪的程度,反映其人身危险性较小。

（5）上述因素竞合时，应当一并提出

上述因素除坦白与自首是相互排斥外，其他任何因素都可能出现竞合的现象。作为辩护人，对此应当全面提出。如果不提出，法官就不会考虑这些酌定的情节，即使有所考虑也不会在判决书上予以写明。

2. 因果关系的大小可以成为量刑的因素

经常发现，刑事辩护总是围绕行为与结果之间是否具有因果关系、介入因素是否中断因果关系的无罪辩护。而当因果关系一旦成立，就很少有人提出因果关系之大小对被告人量刑的影响。因果关系的大小可以成为量刑的因素。换言之，行为造成结果的概率，在一定程度上表明了行为当时具有的社会危害性大小以及行为人的受谴责程度。根据刑法一般原理，被告人只对自己的行为负责，当其行为与其他人的行为或一定自然现象结合时，由他人行为或一定自然现象造成的结果就不能归责于被告人。也就是说，介入因素对危害结果的发生有一定作用，就应当酌减被告人的刑事责任。例如，被害人身患冠心病，被告人事先不知情，是一偶然因素，其先前拳击行为与被害人死亡之间属偶然因果关系，可在法定刑以下量刑。再如，尽管该介入因素不能中断原有的因果链，但是，根据当时的条件，如果被害人家属与民警将被害人及时送到医院救治，有可能挽救被害人生命，减轻结果。所以，量刑时应当予以考虑。

3. "被害人过错"的大小与被告人从轻的幅度成正比

被害人的过错，是指被害人实施的，与被告人所实施的犯罪行为的发生有着直接或间接关系的应受非难的行为。包括法律和道德对被害人行为的否定评价。被害人过错与正当防卫不同，但却是防卫过当、事先防卫等案件从轻量刑的基础。被害人过错的大小，与被告人从轻的幅度成正比。例如被害人无故恶打被告人亲属，说明被害人有严重过错，可以从轻处罚。如被害人与行为人丈夫通奸导致案发,具有一定的过错,可对行为人从轻处罚。再如,因民事纠纷引起,被告找人调解等,而被害人提出无理要求纠缠,不通过正当渠道解决,说明被害方有明显过错。对于被害人欲与被告终止恋爱关系而提出分手,并无明显的过错,但其对矛盾的激化有一定的责任,仍然可以作为被告人从轻的情节。

4. 积极抢救被害人,价值远大于自首

积极抢救被害人,其防止了社会危害结果,也反映了行为人主观恶性较小,故被告人抢救行为的价值远远大于为节约司法资源而法定化的自首情节,但刑事立法却并没有将其明确写入法典作为法定的从轻或减轻情节,而只是作为从轻处罚的酌定情节。这是我国刑事立法的缺陷,也是"你犯罪了,难道还要感谢你"的思维的根本体现。(详见《抢劫后给被害人回家车费的事实,可以作为从轻量刑的酌定情节》http://www.nfxslawyer.cn/news_info.aspx? id＝202)。为了避免这种思维的惯性,必须强调抢救被害人这一情节的社会价值。例如,客观上及时打电话报警的行为使被害人得到了及时救治,避免了更为严重的犯罪后果。

5. 被害人"承诺"或"自愿"是被告人从宽处罚的根据

例如,帮助被害人自杀,社会危害性相对较小,犯罪情节较轻。其中,被帮助自杀人的行为认识能力愈高,承受痛苦程度愈重,对帮助自杀人的量刑愈轻。

6. 被害人的谅解书,请求从轻处罚,是从轻量刑、不起诉的重要基础

被害人的谅解,一般反映了两个方面:一是社会关系已经得到了修复,弥补了被害人的损失,原有社会危害性减小或消灭;二是说明被告人确有悔罪行为,否则被害人一般也不会谅解。所以,这个情节,是有被害人案件从轻处理的最佳情节。

7. 间接故意犯罪比直接故意犯罪的主观恶性要小

例如,放任他人死亡,不能认为犯罪手段十分残忍,情节特别恶劣。再如,间接故意杀人比直接故意杀人主观恶性和对社会危害程度要小,处刑应注意区别,判处死刑特别慎重。

8. 概括的犯罪故意比明确的犯罪故意主观恶性要小

对犯罪后果的发生,是一种概括的主观故意和放任的心态,这种故意与那些犯意明确的雇凶者或其他明确追求犯罪后果的首要分子相比有很大区别。

9. 犯意坚决程度

犯意是否坚决,反映出被告人对危害结果是否坚定追求,表明被告人的主观恶性和人身危险性是否极其严重。

10. 犯罪动机

犯罪动机卑劣与否直接反映被告人的主观恶性及人身危险性的大小。例如,非法行医不是以盈利为目的,仅是为他人提供方便,确与没有医师资格,为骗取钱财而非法行医有区别,应在法定刑以下量刑。

11. 犯罪手段是量刑考量的重要因素

例如,仅采取言语威胁方法索取少量财物,且在未索取财物时,也未采取进一步的暴力手段,其主观恶性、社会危害性较小。

再如,犯罪手段没有作绝,也是从轻的情节。取得财物的数量,比较少,没有穷尽被害人身上所有的财物,只是让被害人交出部分钱财了事,反映出其主观恶性较小,量刑应予考虑。

12. 犯罪时间

犯罪时间可以分为行为人认识犯罪的时间和犯罪行为持续的时间。行为人什么时候认识到自己开始犯罪,反映其主观恶性的大小。例如,事中或事后知道运输的是毒品,与事先就知道是毒品的相比,主观恶性相对较小。犯罪行为持续时间的长短,既反映了犯罪行为的社会危害性,也反映了行为人的主观恶性。例如,绑架时间短,未对被绑架人实施威胁、暴力,对绑架人的实际危害较小。行为人及时醒悟,不再继续犯罪,说明其人身危险性相对较小。再如,盗窃作案实际控制车辆的时间较短,没有给被害人造成实质性损失,社会危害性较小。

13. "因公犯罪"可酌情从轻处罚

如行为人在上级领导的纵容支持下"因公索债",可予酌情从轻处罚。在履行职务过程中,表明其主观恶性较小,犯罪情节相对较轻。

14. 共同犯罪中的从轻情节

对于共同犯罪,从轻情节及其运用主要体现在以下几个方面。

(1) 对于共同犯罪中先自首的司法价值较大。个别罪犯在司法机关尚未掌握其罪行前,先自首有利于分化、瓦解犯罪分子,有利于案件及时侦破,有利于预防共同犯罪,有利于从快打击共同犯罪,有利于实现司法的经济性,有利于刑法用刑罚同一切犯罪行为做斗争任务的实现。

(2) 同案犯在逃,是量刑保守的原因。同案犯在逃而致被告人在共同犯罪中地位、作用不明的应慎用死刑。

(3) 共同犯罪中一般只杀第一位。在有多个主犯的共同犯罪中,只对起最主要作用的主犯判处死刑立即执行,是少杀、慎杀死刑政策的要求。

（4）雇佣犯罪中，无论是雇者，还是被雇者，都可以寻找到从轻的理由。因犯意是雇佣者提起的，对于被雇者，在共同犯罪中起的作用较小，比如运输毒品中为了较少的运费而运输毒品的。对雇者，没有直接参与犯罪的实行行为，不是导致危害结果的直接原因，社会危害性不大。

15. 家庭暴力引发案件的"特殊性"可以作为从轻处罚的情节

一般来讲，家庭暴力引发的案件，具有以下几个特殊性，而这些特殊性反映着行为的社会危害性大小和行为人人身危险性之大小。

（1）被害人具有过错。一般认为属于激愤杀人。被害人对危害行为的发生存在过错及其过错程度直接影响到了犯罪人的主观恶性及其人身危险性的认定，并在一定程度上影响到行为因果关系的进程。也就是说，被害人的过错一定程度上抵消了行为人的部分责任，使行为人的责任减小。

（2）家庭暴力受害人以暴制暴具有被迫性，因此主观恶性较小。目前对于家庭暴力的受害人来说，合法有效的法律救济途径几乎不存在。被告人在长期的受暴史和无法摆脱家庭暴力所产生的绝望和无助的情况下杀人，说明其主观恶性较小，情节轻微。

（3）被告人以暴制暴的行为只指向原施暴人，指向具有唯一性，对其他人来说，被告人的人身危险性小。

（4）虽借助工具、趁施暴人不备，但这是家庭暴力受害人与施害人体力上的悬殊所决定的，属"家庭暴力受害人的特殊的正当防卫行为"。

（5）妇女受学历、阅历等限制，不知、不懂、不会用法律武器保护自己合法权益，迫于无奈下采取非法手段自救，在量刑时应当予以适当的宽容。

（6）有助于子女的抚养，减少其子女因无人管教而误入歧路的可能性，维护社会稳定，可以成为缓刑考量的因素。

16. 亲属之间的犯罪应与社会上的作案区别对待

家庭和亲属关系是基于血缘和婚姻而产生的社会关系，主要应当依靠伦理道德和民事法律进行调整。即使发生在家庭与亲属之间的犯罪行为，国家应当尽可能减少国家刑事干预，以免激化矛盾，影响家庭和亲属关系的缓和。最高人民法院《关于审理盗窃案件具体应用法律若干问题的解释》规定"偷拿自己家的财物或者近亲属的财物，一般可不按犯罪处理；对确有追究刑事责任必要的，处罚时也应与在社会上作案的有所区别"，对此予以充分的体现，也是我国一项重要的刑事政策。由此可知，对于"亲亲相盗"、"亲亲相抢"、"亲亲相伤"的案件，一般可不按犯罪处理，如果确有追究刑事责任的必要，应当与社会上作案有所区别，考虑必要的从宽。例如，子女进入父母住宅抢劫时，一般不应当认定为"入户抢劫"。且属特殊情况，可从轻处罚。再如，以夫妻共同财产为抢劫对象，应当酌情从轻处罚。此外，与此相应的邻里纠纷，也具有相同的属性，例如，因邻里纠纷而杀人的案件，相比因劫财、奸情等杀人主观恶性要小，量刑时也应予考虑。

17. 夫妻关系可成为某些犯罪的从轻情节

例如，窝藏人与被窝藏人是夫妻关系，并已生育一女，平时有往来，犯罪后又能及时中止与被窝藏人交往，有明显的悔罪表现，且主观恶性较小，可免予刑事处罚。

18. 刚满 18 周岁还是从轻处罚的情节

虽然满了 18 周岁，就失去了未成年人这一法定从轻情节，但刚满 18

周岁,虽不是未成年人,但稚气未脱,主观恶性不大。例如,刚满 18 周岁,受教唆、利诱,按照他人的安排杀人,到案后交代态度较好,虽罪行极其严重,判处死刑可不立即执行。

19. 退赃、主动赔偿被害人损失,既减轻了社会危害程度,也是悔罪的主要表现

主动退出全部赃款、赔偿被害人损失,相对减轻了犯罪的社会危害程度。悔罪有多种方式,有钱的退钱,没钱的也要想办法表示赔钱的良心意愿。例如,犯罪后向被害人承认自己的犯罪事实,并以借条形式予以确认及制订还款计划,之后向被害人退还部分赃款。反映了行为人的悔罪态度和主观恶性的降低。

20. 积极预交罚金,可酌情从轻处罚

在案件审理过程中,被告积极主动预交罚金,体现了是其伏法认罪,真诚悔罪,可酌情从轻处罚。

21. 已经服过刑,也是从轻量刑的情节

例如,因被判处拘役在监所得到了一定的教育和改造,如果再处以较重刑罚,显然会对被告人今后的改造以及其家庭的帮助作用产生负面影响。

22. 行为人一向遵纪守法,表现良好,无前科,系初犯,是从轻量刑考量的必要因素

23. 社会调查报告、群众联名求情书,是从轻的重要情节

群众自发力陈被害人劣迹,要求司法机关对被告人从轻处理,应作为从轻(缓刑)的情节。对被告人一向表现良好,回归社会确实不再危害社会的社会调查报告,是确定缓刑的一种新方式。

24. 亲属的正能量努力,可成为被告人从轻的情节

被告人犯罪后,亲属一般都想为被告人做点实质性的工作,如协助公安机关抓获被告人,送首、陪审,帮助被告人立功等等。"群众路线是公安工作的根本路线,是公安工作实行的一切为了群众,一切依靠群众,从群众中来,到群众中去的工作路线"。所以,被告人的亲属做的一些工作,有的采取司法解释明文规定为从轻情节,有的虽然没有明文规定,但量刑时仍然根据该刑事政策,可以作为从轻处罚的情节。

有罪之死刑辩护

根据《刑法》规定,死刑只适用于"罪行极其严重"的犯罪分子。对于罪行"极其严重"该如何理解,《刑法》本身难以确定,只能从司法实践案例中去总结。根据最高人民法院发布的死刑案例对"罪行极其严重"的阐述,我们可以得出"罪行极其严重"的一般标准。"罪行极其严重"的界定应遵循客观标准结合主观标准的原则。

客观标准,是决定罪行是否极其严重的基本条件。决定性条件,主要是指犯罪行为和犯罪结果所体现出的社会危害性。以故意杀人罪为例,犯罪行为和犯罪结果所体现的社会危害性是否极大,可以审查其是否以特别残忍或者特别危险的方法杀人,是否造成了死亡或严重危及生命的结果。如果行为和结果都达到了这种危害程度,就具备了构成"罪行极其严重"的客观条件,也具备了适用死刑的客观基础。

主观标准,则是影响认定罪行是否极其严重的辅助性条件,主要体现在犯罪分子主观恶性和人身危险性的大小。犯罪动机是否卑劣,如是否以违法犯罪或其他恶劣的动机而故意犯罪等,直接决定其主观恶性和社会危害性的大小。犯意是否极其坚决,如为达犯罪目的,积极追求犯罪结果的出现,就表明其犯意极其坚决。实践中对直接故意犯罪和间接故意犯罪区别量刑,就是以犯意坚决与否所体现的主观恶性和人身危险性之大小为依据的。

笔者拟将自己关注的刑法个罪简单地划分为暴力型犯罪、经济型犯罪和毒品犯罪,并运用上述标准,分别论述死刑案件从轻辩护的思路。

一、暴力型犯罪的死刑辩护

1. 案件发生领域可能直接反映"罪行是否极其严重"

通过对死刑案件的比较总结,我们发现"罪行是否极其严重"的认定,具有相对性。既然具有相对性,那就可以去预设结论,寻找参照物。当然,要想得到辩护预设的结论,主要取决于你所选择的参照物。可是,你这个结论是否经得起考验,是否被法官接受,又取决于精确选择的参照物本身是否合理,以及对两者之间可比性的巧妙运用。

例如,因邻里纠纷引起的杀人案件,同那些劫财、奸情等杀人案件是有所区别的,因案件的起因不同,被告人动机的卑劣程度及主观恶性大小不完全一样,对社会的危害也不完全相同,在量刑上应有所区别。

再如,因农村奸情未能依法及时妥善处理致矛盾激化而引发的,与社会上严重危害社会治安的杀人案件相比,虽然造成了被害人死亡后果,但在起因上、被告人主观恶性的大小上有所不同,其社会危害性和个人危险性相对来说要小一些,对这一类犯罪判处死刑也应当从严掌握。

当然,婚姻家庭矛盾引发的杀人案件也不同于抢劫、强奸等严重危害社会治安的"严打"案件。量刑时应当区别对待。

2. 主观故意状态影响"罪行是否极其严重"的认定

故意可以分为直接故意和间接故意。对于间接故意,放任他人死亡,犯罪本身是定故意伤害还是故意杀人,在理论上就有争论。所以,即使认定为杀人罪,也不能认为犯罪手段十分残忍、情节特别恶劣。此外,间接故意杀人的主观恶性和对社会的危害程度比直接故意杀人要小,处刑时应注意加以区别,判处死刑更应特别慎重。例如,为了逃跑将被害人推落桥下致死,直接目的是为了逃跑,而不是为了杀人,放任被害人死亡属间接故意,这种间接故意较之持刀不计后果地捅刺他人造成死亡的间接故意杀人的主观恶性相对要小得多。因此,从被告人犯故意杀人罪的主观恶性及犯罪手段看,尚不属必须立即执行死刑的罪犯。

3. 犯罪后果是不是特别严重

判处死刑,必须造成严重后果。对于暴力性犯罪,一般就是指致人重伤或死亡。对于重伤,只有以特别残忍手段造成被害人重伤并造成严重残疾的,才可以达到罪行极其严重的程度,也才能适用死刑。对于那些虽然手段特别残忍,也造成了重伤,但是经治疗可以恢复,可能造成一些后遗症,但从总体上看身体状况恢复较好,那么犯罪后果就不是特别严重,不应适用死刑。

4. 亲属协助行为可阻止死刑立即执行的适用

自首是法定的从轻情节。通过对比案例发现,即使被告人没有自首情节,但其亲属存在报案、协助抓捕等行为,客观上使被告到案,一般情况下,不会判处死刑。甚至发现,亲属协助行为有时比自首情节量刑予以考虑的程度还要重。具体有以下几种情形:

(1)被告人亲属举报并协助抓捕行为与一般的社会公众协助抓捕行为有一定差别,应予鼓励,量刑时应有所体现。

(2)家属及时的报案行为,使得公安机关及时破案,节省了司法资源,有利于社会,同时其通知有关人员代为报案及归案后如实供述罪行亦反映出其一定的悔罪心态,可作为酌定从轻的情节。

(3)被告人亲属在公安机关尚不掌握被告人下落时,主动报案,提供被告人藏匿的地点及其身体特征等情况,并带领公安人员抓获被告人,故对被告人所犯抢劫罪,判处死刑,可不立即执行。

(4)其父亲在案发后主动报案,并能代替被告人赔偿附带民事诉讼原告人的部分经济损失,所以,判处死刑,可不立即执行。

(5)被告人虽不构成自首,但对于被告人的亲属能够积极规劝被告人投案自首,并主动报案,被告人归案后又能如实供述犯罪事实的情形,可不判处死刑立即执行。

5. 区分自首价值大小可阻止不从轻的适用

被告人具有自首的情节,一般情况下,都不会判处死刑立即执行,但也不排除罪行极其严重,不足以从轻,不杀不足以平民愤的情形。所以,积极探求自首价值大小阻止"不足以从轻"的适用,具有积极意义。根据笔者查阅的案例,列举几种虽需判决死刑立即执行,但因自首而从轻的情形:

(1)如实供述了司法机关尚不掌握的两起故意杀人犯罪事实并指认抛尸现场,系自首,长期没有破案或没有被发现,其自首行为为公安机关破案起到至关重要的作用,有利于维护法律的尊严。自首价值大,故,判处死刑可不立即执行。

(2)鉴于被告人主动交代关键犯罪情节,认罪态度好,对其判处死刑,可不立即执行。

(3)被告人的供认对认定致命伤是谁形成这一关键事实有重要作用,在一定程度上反映了其悔罪心理及人身危险性的降低,可从轻处罚。

6. 被害人存在过错

对于被害人一方有明显过错或对矛盾激化负有直接责任的,一般不应当判处死刑立即执行。

除了上述可以作为暴力型犯罪死刑辩护的情节外,被告人的年龄问题,如刚满18周岁;积极抢救被害人;赔偿被害人损失,被害人达成谅解协议等,也是避免死刑的辩护策略。

二、经济型犯罪的死刑辩护

笔者此处所说的经济型犯罪包括一般的涉及财产的犯罪和职务犯罪。经济型犯罪,一般侵犯的法律就是公私财产的所有权。对于经济型犯罪死刑辩护的一般思路,除了法定的从轻情节,主要就是有无退赃,赔偿经济损失。对于经济犯罪,被告人是否积极退赃以及案发后赃款是否全部追回、有无造成实际损失等历来都是考虑量刑的酌定情节。从另一个角度看,是否退赃、赔偿也反映了被告人主观恶性的大小和认罪、悔罪的程度。对于那些论罪应当判处死刑的,但赃款全部追回,没有给国家和人民利益造成实际经济损失的,具有酌定情节,一般宣告死缓。

当然,什么阶段退赃、如何退赃等,则存在技术性因素。具体来说,是在公安机关、检察院、一审法院还是二审法院退赃赔偿,可应视不同案件情况来定。对于一般性涉财犯罪,如盗窃、抢劫、诈骗等,越早退赔,及时减少被害人损失,显然作用较大。而对于职务犯罪中涉及财产的,比如贪污、受贿等,检察院与法院,一审法院与二审法院之间存在一定的利害关系,在最终决定权行使的阶段退,效果可能会更明显一些。

三、毒品犯罪的死刑辩护

酌定情节是法定情节的必要补充。就酌定情节而言,根据不同案件可以从犯罪动机、悔罪表现、社会危害程度、退赃、赔偿损失等方面综合考虑,被告人具有酌定情节,可以从轻处罚的,即应对其从轻处罚。其中,毒品案件中影响死刑适用的情节,主要有下列几个方面。

1. 毒品数量

毒品犯罪数量对毒品犯罪的量刑具有重要作用。但毒品数量只是依法惩处毒品犯罪的一个重要情节,而不是全部情节。因此,执行量刑的数量标准不能简单化。特别是对被告人可能判处死刑的案件,确定刑罚必须综合考虑被告人的犯罪情节、危害后果、主观恶性等多种因素。所以,在毒品犯罪死刑辩护中,作为辩护人,当其当事人毒品数量达到死刑标准时,不应当失去信心,而是从其他情节入手,争取排除适用死刑立即执行的结果。

2. 毒品含量

根据《刑法》的规定,对于毒品的数量不以纯度折算。但是最高人民法院的司法解释、《全国法院毒品犯罪审判工作座谈会纪要》、最高人民检察院发布的《办理毒品犯罪案件适用法律若干问题的意见》,以及最高人民法院发布的案例,都阐明了毒品纯度对死刑适用的影响,而且对于可能判处死刑的案件,必须鉴定毒品的含量。所以,对于查获的毒品有证据证明大量掺假,经鉴定查明毒品含量极少,确有大量掺假成分的,在处刑时应酌情考虑。特别是掺假之后毒品的数量才达到判处死刑的标准的,对被告人可不判处死刑立即执行。例如,某案件中,被告人贩卖的毒品 598 克,但海洛因含量为 3.98%,不到 4%,经计算,不足纯海洛因 24 克,这与法律规定和最高院掌握判处死刑的标准有较大差别。所以,不得适用死刑立即执行。

3. 有无特情介入

对于特情介入的毒品犯罪,一般排除死刑的适用。

首先,"犯罪行为一般都在公安机关的控制之下,毒品一般也不易流入社会,其社会危害程度大大减轻,这在量刑时,应当加以考虑"。也就是说,有特情介入的情况下,一般会排除死刑的适用。

其次,对于特情介入,因特情存在一些不规范的行为,出现特情引诱他人犯罪,其中,包括"犯意引诱"和"数量引诱"。根据《全国部分法院审理毒品犯罪案件工作座谈会纪要》的规定,对于"犯意引诱"这种情况下的被告人,绝对排除死刑立即执行的适用。对于"数量引诱"的被告人,在特情引诱下实施了数量较大甚至达到可判处死刑数量的毒品犯罪,对具有此种情况的被告人,应当从轻处罚,即使超过判处死刑的毒品数量标准,一般也不应判处死刑立即执行。如果现有的证据无法查清是否存在"犯意引诱"或"数量引诱",根据"存疑从轻"的原则,考虑适用死刑立即执行时,必须留有余地。

"罪行是否极其严重","是否判处死刑"……其本身就是一个需要探索的命题。无论是当事人本人、家属,还是辩护人,在最终判决认定之前,都应尽全力去揭示通往真理的道路。当然,道路不限于上述几条。

参考案例

案例名称	内　　容	出　　处
宋有福、许朝相故意杀人案	①邻里纠纷引起的杀人案件,相比因劫财、奸情等杀人主观恶性要小; ②放任他人死亡,不能认为犯罪手段十分残忍,情节特别恶劣; ③间接故意杀人比直接故意杀人主观恶性和对社会危害程度要小,处刑应注意区别,判处死刑特别慎重	《刑事审判参考》总第5辑
胡斌、张筠筠等故意杀人运输毒品案	对象不能犯(误把尸体当毒品)形成的未遂可以从轻处罚	《刑事审判参考》总第5辑
于光平爆炸案	①因民事纠纷引起,被告找人调解等,而被害人提出无理要求纠缠,不通过正当渠道解决,说明被害方有明显过错; ②手榴弹在争抢中爆炸,有一定的偶然性,可以减轻罪责; ③间接故意犯罪的主观恶性要小于直接故意犯罪的主观恶性	《刑事审判参考》总第4辑
金铁万、李光石贩卖毒品案	①确定了虽有从轻处罚情节,但贩卖毒品数量特别巨大,不足以从轻处罚为由的做法不符合法律规定; ②法定"从轻、减轻或免除处罚",应理解为没有其他特殊情况的条件下,一般均应从轻、减轻处罚	《刑事审判参考》总第4辑

案例名称	内　　容	出　处
马运海运输毒品案	①受他人雇佣与雇佣他人（运输毒品）相比，在共同犯罪中作用较小； ②事中或事后知道运输的是毒品，与事先就知道是毒品的相比，主观恶性相对较小	《刑事审判参考》总第 4 辑
王勇故意杀人案	①被害人无故殴打被告人亲属，说明被害人有严重过错，可以从轻处罚； ②法律规定"可以"不能简单地理解为既可以这样，也可以那样，而应理解为一般情况下应当照此办理	《刑事审判参考》总第 3 辑
黄斌等抢劫（预备）案	①被告人虽与欲抢劫对象同在一车，并具有随时实行抢劫犯罪的条件和可能，但自始至终尚未开始实施暴力、威胁等方法行为，属于犯罪预备； ②犯罪预备量刑应考虑预备实行犯罪的性质、所准备工具的类型、制造条件的充分程序等	《刑事审判参考》总第 3 辑
苏良才故意伤害案	被害人过错在先，对案件的发生应负一定责任	《刑事审判参考》总第 21 辑
明安华抢劫案	①子女进入父母住宅抢劫时，一般不应当认定为"入户抢劫"，且属特殊情况，可从轻处罚； ②犯罪后，到公安机关了解案情不属于自动投案	《刑事审判参考》总第 21 辑
刘汉福等抢劫案	①丈夫伙同他人抢劫夫妻共同财产构成抢劫罪； ②犯罪数额按总数计算，不作财产分割； ③以夫妻共同财产为抢劫对象，应当酌情从轻处罚	《刑事审判参考》总第 15 辑
包胜芹等故意伤害、抢劫案	①被抢财物的夫妻共同财产属性，不影响抢劫行为性质的认定，而仅可能影响具体抢劫数额的认定； ②"亲亲相抢"一般不按犯罪处理，但"亲亲相抢"有质的不同，举轻以明重，应按犯罪处罚	《刑事审判参考》总第 14 辑
王洪斌故意杀人案	①积极抢救被害人是司法实践中作为从轻处罚的酌定情节； ②不属于积极抢救被害人情形的认定	《刑事审判参考》总第 12 辑

案例名称	内　容	出　处
王国清等抢劫、故意伤害、盗窃案	①"转化型"中如果暴力强度很小，情节显著轻微，或者无加害他人的意图，只是为了挣脱抓捕而冲撞了他人并未造成严重后果的，可不认为是使用暴力，不以抢劫罪论处； ②自首的效力仅及于自首之罪； ③如无证据证明同案人对抓捕人使用暴力之前，又被发现后即用暴力的共同故意，不对同案人转化抢劫的行为承担责任	《刑事审判参考》总第 13 辑
文某被控盗窃案	①家庭财产共有人偷拿自己家中物品变卖，不属于非法占有； ②即使被盗亲属强烈要求追究刑事责任，也应当充分考虑行为人盗窃的毕竟是近亲属的财物这一特殊性，以及其亲属气愤、反感情绪也会变化的因素，慎重确定是否追究刑事责任的必要	《刑事审判参考》总第 13 辑
周彩萍等非法拘禁案	被害人与行为人丈夫通奸导致案发，具有一定的过错，可对行为人从轻处罚	《刑事审判参考》总第 26 辑
辜正平非法拘禁案	行为人在上级领导的纵容支持下，"因公索债"，可予酌情从轻处罚	《刑事审判参考》总第 26 辑
程乃伟绑架罪	①刚满 18 周岁，虽不是未成年人，但稚气未脱，主观恶性不大； ②对被害人未采取暴力、胁迫等手段，只是在被发觉后才实施威胁，犯罪情节较小； ③行为人与被害人是亲属关系，可从轻处罚	《刑事审判参考》总第 26 辑
扎西达娃等抢劫案	①未成年人只有在多个从重情节下，才能适用无期徒刑； ②刑法规定对未成年犯罪人不适用死刑的同时又规定对未成年人应当从轻处罚，前者为死刑排除规则，后者则为具体量刑时应当把握的法定情节，这两个层次并非重复使用	《刑事审判参考》总第 26 辑
阿古敦故意杀人案	有精神病家庭史，可以启动精神病鉴定程序	《刑事审判参考》总第 24 辑

案例名称	内　　容	出　处
计永欣故意杀人案	①行为人虽有投案意思表示,但并未直接向公安机关投案,也未委托投案,其亲属报案后也未送其投案,不应认定为自首; ②亲属能够积极规劝行为人投案自首,并主动报案,行为人归案后又能如实供述犯罪事实的情形,法院应当充分肯定;从死刑立即执行改判死缓	《刑事审判参考》总第24辑
郑小平、邹小虎抢劫案	鉴于行为人在案发后能积极退赃,挽回了被害单位的部分经济损失,可酌情从轻处罚	《刑事审判参考》总第24辑
李小平等人故意伤害案	①殴打现场混乱,谁是致被害人死亡的直接凶手已无法查清,只能认定共同担责; ②被害方存在过错; ③对被害人家属积极赔偿,亲属也请求从轻处罚,决定酌情从轻处罚	《刑事审判参考》总第18辑
金义祥抢劫案	①归案后经教育,在公安机关和庭审中尚能供述所犯罪行,认罪态度尚好,可酌情从轻处罚,判处死缓; ②最高院以初犯,后果不是特别严重,改判死缓	《刑事审判参考》总第19辑
刘某诉江某故意伤害案	①庭审中认罪态度好,且在庭审前主动支付赔偿款,有认罪悔罪表现,可从轻处罚; ②以被害人身份到公安机关告发他人,只要如实供述仍可认定为自首	《刑事审判参考》总第25辑
张怡懿、杨珺故意杀人案	①"审判时"怀孕的妇女,是指涉嫌犯罪而被羁押时起至法院依法作出判决生效时止的刑诉全过程; ②对限定刑事责任能力的精神病人一般不宜适用死刑	《刑事审判参考》总第32辑
王元帅、邵文喜抢劫、故意杀人案	①共同犯罪中的犯罪形态可以是不一致的; ②共同犯罪中单个行为人犯罪中止的认定及量刑的运用	《刑事审判参考》总第32辑

案例名称	内　　容	出　　处
李满英过失致人死亡案	为抢救被害人而未能自动投案,到案后能如实供述罪行,虽不能认定为自首,但应当作为酌定从宽量刑情节	《刑事审判参考》总第 32 辑
李林故意杀人案	致一人死亡,后果严重,论罪应处死刑,鉴于其犯罪时刚满 18 周岁,对其可不必立即执行(后改判、最高院发回重审)	《刑事审判参考》总第 30 辑
蔡勇、李光等故意伤害、窝藏案	①到案后能如实供述犯罪事实,具有悔罪表现,可酌情从轻处罚;(缓刑) ②主观上兼有帮助被告人临产女友的心态,同时还有规劝被告人投案自首的情节,可免予刑事处罚	《刑事审判参考》总第 30 辑
李邦祥拐卖妇女案——应收买的被拐卖妇女的要求将其再转卖他人的行为如何定性	①被害人自愿是被告人从宽处罚的根据;(免予刑事处罚) ②愿意送被拐卖妇女回家,表明其主观恶性不大	《刑事审判参考》总第 30 辑
王之兰过失致人死亡案	①积极赔偿被害方的经济损失; ②并取得被害方的谅解; ③被害方亦请求法院对被告从轻处罚,对其过失致人死亡可免予刑事处罚	《刑事审判参考》总第 34 辑
曾劲青、黄剑新保险诈骗、故意伤害案	①对被害人邀请而实施的杀死被害人或帮助杀死被害人的行为,一般都可通过适用故意杀人"情节较轻"这一法定刑幅度解决; ②被害人叫被告人砍去其双脚,被害人自己亦有过错,故双方各自承担一半的民事责任	《刑事审判参考》总第 38 辑
赖忠、苏绍俊、李海等故意伤害案	①采用暴力手段强行索回赌资并致人轻伤,该行为的主观恶性、社会危害性与典型的抢劫罪相比,差异明显; ②从社会效果看不定抢劫罪	《刑事审判参考》总第 38 辑
唐胜海、杨勇强奸案	个人奸淫未得逞的共同实行犯可酌定从轻处罚	《刑事审判参考》总第 36 辑
王团结、潘友利、黄福忠抢劫、敲诈勒索案	是累犯,应当从重处罚,但其归案后能坦白交代,认罪态度好,可酌情从轻处罚	《刑事审判参考》总第 36 辑

案例名称	内 容	出 处
周兆钧被控非法行医案	①非法行医不是以盈利为目的,仅是为他人提供方便,确与没有医师资格,为骗取钱财而非法行医有区别,应在法定刑以下量刑;②综合考虑本案的具体情节及社会危害性,应在法定刑以下量刑	《刑事审判参考》总第36辑
沈某某盗窃案	鉴于被告人犯罪后主动坦白其盗窃事实,且所盗手表已被追缴并退还失主,属于犯罪情节轻微,免予刑事处罚	《刑事审判参考》总第40辑
官其明故意杀人案	①具有自首情节,认罪悔罪态度好,无前科,系初犯、偶犯等情节,判处死刑可不必立即执行;②被害人欲与被告终止恋爱关系而提出分手,并无明显的过错	《刑事审判参考》总第44辑
朱家平过失致人死亡案	考虑到被告人在整个事故中起次要作用,其犯罪情节轻微,不需要判处刑罚(大意致二死二伤)	《刑事审判参考》总第44辑
乌斯曼江、吐尔逊故意伤害案	法医鉴定结论证实醉酒是加速死亡的原因之一,可以成为酌情从轻量刑的因素	《刑事审判参考》总第44辑
陆骅、茅顺君、石国伟抢劫案	劝说同案犯自首的行为亦构成立功	《刑事审判参考》总第42辑
苏同强、王男敲诈勒索案	①"盲人"身份对实施犯罪行为的具体影响,是决定是否从宽量刑的因素;②盲人的判决标准是以最好眼的矫正视力低于0.05	《刑事审判参考》总第59辑
杜益忠故意伤害致人死亡案	①主动交代关键犯罪事实,可以作为从轻量刑的情节;②认罪态度好、积极赔偿、取得被害人谅解,可不判处死刑立即执行	《刑事审判参考》总第58辑
杨某某故意伤害案	间接故意犯罪,表明其主观恶性较小(先行行为引发危害后果而不予以防止的行为构成故意伤害罪)	《刑事审判参考》总第58辑
赵金明等故意伤害案	①行为造成结果的概率,在一定程度上表明了行为当时具有的社会危害性大小以及行为人的受谴责程度;②在被害人溺水后躲藏,与采取围、追、堵、截等妨碍被害人上岸的方式导致被害人溺水死亡在危害性上有一定区别,量刑时应考虑这一因素	《刑事审判参考》总第58辑

案例名称	内　容	出　处
胡经明、邓明才非法拘禁案	①法定刑制约个罪构成要件的解释； ②对绑架罪的客观行为应进行严格解释； ③扣住岳母要媳妇等，显然不具有与法律的严厉评价相当的不法程度，其实与非法拘禁的危害程度差别不大，完全可以非法拘禁罪论处	《刑事审判参考》总第58辑
周建龙盗窃案	①仅仅向被害人承认作案，没有接受司法机关处理意愿的行为不能认定为自首； ②犯罪后向被害人承认自己的犯罪事实，并以借条形式予以确认及制订还款计划，之后被害人退回部分赃款；（反映了行为人的悔罪态度和主观恶性的降低） ③经传唤后亦能如实供述自己的罪行，其行为对侦查机关侦破该案起了帮助作用； ④同时也体现了其悔罪的态度并一定程度上弥补了被害人的损失	《刑事审判参考》总第58辑
李春伟、史熠东抢劫案	鉴于被告人是未成年人，悔罪态度较好，且有自首和立功情节，依法应免予刑事处罚（未成年人量刑问题）	《刑事审判参考》总第61辑
弓喜抢劫案	①被告人虽然使用暴力索要数额巨大的财物，但实际未抢到，不应认定为抢劫数额巨大； ②抢劫加重情节，以实际出现为认定标准； ③抢劫数额巨大，从罪刑均衡出发，也应当是实际抢得的财物数额巨大	《刑事审判参考》总第61辑
马俊、陈小灵等盗窃、隐瞒犯罪所得案	①事前答应收购赃物，是否构成盗窃罪的共犯，应审查其是否与实行犯形成共谋，或者说，是否为实行犯提供了帮助； ②帮助犯的认定标准	《刑事审判参考》总第61辑
宋光军运输毒品案	①不能证明被告人宋光军在共同犯罪中的作用大于同案犯叶红军（死缓），故可不判处死刑立即执行； ②同案犯在逃而致被告人在共同犯罪中地位、作用不明的应慎用死刑	《刑事审判参考》总第51辑
洪志宁故意伤害案	①被害人身患冠心病被告人事前不知情，是一偶然因素，其先前拳击行为与被害人死亡之间属偶然因果关系，可在法定刑以下量刑；（五年） ②根据刑法一般原理，被告人只对自己的行为负责，当其行为与其他人的行为或一定自然现象结合时，由他人行为或一定自然现象造成的结果就不能归责于被告人	《刑事审判参考》总第49辑

案例名称	内　　容	出　处
王建辉、王小强等故意杀人、抢劫案	①在有多个主犯的共同犯罪中,只对起最主要作用的主犯判处死刑立即执行,是少杀、慎杀的死刑政策; ②在共同犯罪中罪行极其严重的犯罪分子,是否判处死刑立即执行考虑的五大因素	《刑事审判参考》总第49辑
高泳故意伤害案	①本案系纠纷引起,被害方也存在一定过错; ②在履行职务过程中,表明其主观恶性较小,犯罪情节相对较轻; ③能承认其致被害人跌倒受伤的主要犯罪事实,故对其从轻,适用缓刑	《刑事审判参考》总第47辑
陈卫国、余建华故意杀人案	"教训"不包括故意杀人的论述: ①余要求陈教训被害人,但没有要求陈携带凶器; ②现场斗殴时,余与陈没有协商,余也不知道陈带有凶器; ③余没有直接协助陈殴打被害人	《刑事审判参考》总第52辑
何荣华强奸、盗窃案	这种如实坦白余罪的犯罪分子从轻处罚,有利于鼓励犯罪分子主动配合司法机关工作,及时破案、降低侦查成本,也有利于罪犯的真正悔过、改造	《刑事审判参考》总第52辑
谭荣财、罗进东强奸、抢劫、盗窃案	强迫两被害人发生性关系,因两被害人系恋人,在危害后果上与一般强奸犯罪中行为人亲自实施强奸行为有所区别	《刑事审判参考》总第63辑
余志刚绑架案	①绑架时间短,未对被绑架人实施威胁、暴力,对绑架人的实际危害较小; ②行为人及时醒悟,不再继续犯罪,说明其人身危险性相对较小	《刑事审判参考》总第63辑
卞修柱抢劫案	推卸责任型翻供的处理: ①被告人能够叙述案件细节,"他人"参与作案与在案证据并不矛盾,判决时一般作出一定有利认定; ②推卸责任,同案犯又在逃的,一般应当作出有利于被告人的判决,尤其是命案,判决时应当留有余地	《刑事审判参考》总第63辑

案例名称	内　容	出　处
颜克于等故意杀人案	被告人对被害人死亡结果的发生持放任态度,而非积极追求该结果的发生,说明其主观恶性较小	《刑事审判参考》总第60辑
吴江故意杀人案	①恋爱矛盾引发的杀人案件,其社会危害性与严重危害社会治安的案件具有区别;此类案件是否适用死刑,应考虑以下几个因素:行为人的一向表现;行为时的主观故意内容;行为方式;悔罪表现; ②恋爱关系可类似于婚姻关系引发的杀人案件的原则进行处理; ③对矛盾激化负有直接责任的认定	《刑事审判参考》总第60辑
刘又故意杀人案	处理家庭暴力引发的杀人案件: ①被告人在长期的受暴史和无法摆脱家庭暴力所产生的绝望和无助的情况下杀人,说明其主观恶性较小,情节轻微; ②被告人以暴制暴的行为指向具有唯一性,其人身危险性较小; ③有助于子女的抚养,减少其子女因无人管教而误入歧路的可能性,维护社会稳定,可以成为缓刑考量的因素	《人民法院案例选》总第60辑
张永清故意杀死施虐丈夫被减轻处罚案	①因长期遭受家庭暴力无法摆脱而杀人属激愤杀人,且属情节较轻的行为; ②情节较轻的杀人案,应适用宽严相济的刑事政策,减轻处罚; ③妇女受学历、阅历等限制,不知、不懂、不会用法律武器保护自己合法权益,迫于无奈下采取非法手段自救,在量刑时应当予以适当的宽容	《人民法院案例选》总第60辑
李尚琴、李素琴故意伤害致死被判缓刑案	①被害人对危害行为的发生存在过错及其过错程度,直接影响到了犯罪人的主观恶性及其人身危险性的认定,并在一定程度上影响到行为因果关系的进程; ②被害人的过错一定程度上抵消了行为人的部分责任,使行为人的责任减小; ③既无预谋,也无逃避罪责的想法,而是一种情绪激愤的情况下临时起意伤害他人,并自觉接受法律的处理,其主观恶性与那种蓄意伤人、事后逃避法律制裁的犯罪人,有着明显的差别	《人民法院案例选》总第60辑

案例名称	内　　容	出　处
女性主义法学在裁判以暴制暴案件中的应用	①以暴制暴具有被迫性,因此主观恶性较小; ②虽借助工具、趁施暴人不备,但这是家庭暴力受害人与施害人体力上的悬殊所决定的,属"家庭暴力受害人的特殊的正当防卫行为"; ③行为人只指向原施暴人,对其他人来说,被告人的人身危险性小	《人民法院案例选》总第60辑
龚世义等人故意杀人、包庇案	①抛尸、焚尸不影响"义愤杀人"的认定; ②"义愤杀人"等被害人存在重大过错的杀人案件属于情节较轻	《人民法院案例选》总第60辑
张志信故意杀人案	①大义灭亲属于杀人罪的情节较轻; ②群众自发力陈被害人劣迹,要求司法机关从轻处理,应作为从轻(缓刑)的情节	《人民法院案例选》总第57辑
李城、杨琴绑架案	"杀害被绑架人"是指既有杀害被绑架人的行为,而且又导致了被害人死亡的结果,才可以判死刑,如果只有杀人行为,未造成死亡后果的,不适用死刑	《人民法院案例选》总第57辑
程森园抢劫案	①家庭的引导、帮助有很好的作用,这在以后对其监督、教育、改造都将是积极的; ②因被判处拘役在监所得到了一定的教育和改造,如果再处以较重刑罚,显然会对被告人今后的改造以及其家庭的帮助作用产生负面影响; ③入户盗窃转化成入户抢劫,其暴力或暴力胁迫行为必须发生在"户内"	《人民法院案例选》总第57辑
李海彬寻衅滋事案	①未成年人使用威胁或使用轻微暴力强抢少量财物的行为,一般不宜以抢劫罪定罪处罚; ②仅采取言语威胁方法索取少量财物,且在未索取财物时,也未采取进一步的暴力手段,其主观恶性、社会危害性较小	《人民法院案例选》总第57辑
金军抢劫案	亲属协助公安机关破获案件,可作为被告人酌定从轻的情节(一般不判处死刑立即执行)	《人民法院案例选》总第54辑
高某某故意杀人案(鉴定结论不能凭常识予以否定)	作案时处于精神抑郁、压抑状态,系限制刑事责任能力,且系自首,故可判缓	《人民法院案例选》总第54辑

案例名称	内　　容	出　处
杨熙寻衅滋事、强索财物并强制他人饮酒致人死亡案	①饮酒过度,不是伤害过程,灌酒也不是故意伤害的手段; ②指控抢劫罪向寻衅滋事辩护	《人民法院案例选》总第51辑
潘永华等雇凶杀人案	①雇用犯罪中,雇主的罪一般大于实行犯; ②刚满18周岁,受教唆、利诱,按照他人的安排杀人,到案后交代态度较好,虽罪行极其严重,判处死刑可不立即执行	《人民法院案例选》总第51辑
盛伟、闫德武以敲诈勒索形式实施的抢劫案	整个犯罪行为具有连贯性、完整性决定不能数罪并罚	《人民法院案例选》总第51辑
钟树深故意伤害案	雇凶伤害案证据一对一无罪: ①派生证据证明力较弱; ②被害人与被告人处于对立关系,其证明力需要旁证补强	《人民法院案例选》总第62辑
张栓成过失致人死亡案	故意击打他人身体,致他人轻微伤,诱发他人其他疾病发作而死,应认定为过失致人死亡,而不是故意伤害	《人民法院案例选》总第62辑
王忠强等抢劫案	①暴力的程度较低,只是使用了轻微暴力,没有造成被害人人身伤害; ②取得财物的数量比较少,没有穷尽被害人身上所有的财物,只是让被害人交出部分钱财了事;反映出其主观恶性较小;量刑应予考虑	《人民法院案例选》总第62辑
钟长注故意杀人案	鉴于窝藏人与被窝藏人是夫妻关系,并已生育一女,平时有往来,犯罪后又能及时中止与被窝藏人交往,有明显的悔罪表现,且主观恶性较小,可免予刑事处罚	《人民法院案例选》总第58辑
闫涛盗窃不构成累犯案	①累犯后罪应判处有期徒刑指的是宣告刑,而非该罪的法定刑; ②数额刚刚超过数额较大的标准,且赃车已经追回,未给失主造成损失,自愿认罪,又积极交纳罚金,可酌情从轻处罚	《人民法院案例选》总第58辑

案例名称	内　　容	出　处
乔小战交通肇事案	①主动电话报警,如实供犯罪事实,系自首;②认罪态度好,有悔罪表现,根据《关于适用普通程序审理"被告人认罪案件"的若干意见》,其自愿认罪,可酌情予以从轻处罚	《人民法院案例选》总第58辑
莫洪德故意杀人案	聚众斗殴的首要分子:①没有直接参与斗殴致人死亡;②对所造成的极其严重后果没有直接明确的犯意;③积极赔偿部分损失,有一定悔罪表现,判处死刑可不立即执行;④对犯罪后果的发生,是一种概括的主观故意和放任的心态,这种故意与那些犯意明确的雇凶者或其他明确追求犯罪后果的首要分子相比有很大区别	《人民法院案例选》总第58辑
李志良、王连英、陈尾连诈骗案	①主动退出全部赃款,相对减轻了犯罪的社会危害程度;②审理中,主动向法庭预交罚金,悔罪态度较好,可酌情从轻处罚	《人民法院案例选》总第58辑
闫新华故意杀人、盗窃案	相对于被通缉迫于压力而投案的自首的司法价值大,可以判处死缓	《人民法院案例选》总第53辑
闪国润盗窃近亲属财产数额特别巨大被在法定刑以下减轻处罚	①被告人与失主系亲属;②作案实际控制车辆的时间较短;③归案后认罪悔罪,未给失主造成实际损失;④失主要求对被告人减轻处罚;可在法定刑以下判刑	《人民法院案例选》总第56辑
宋良虎、殷海军故意杀人案	①介入因素对危害结果的发生有一定作用,可酌减被告人的刑事责任;②尽管该介入因素不能中断原有的因果链,但是,根据当时的条件,如果被害人家属与民警将被害人及时送到医院救治,有可能挽救被害人生命,减轻结果	《人民法院案例选》总第56辑
李超故意杀人案	①系因恋爱纠纷引起;②属于正在接受教育的学生,年龄不大;③客观上及时打电话报警的行为使被害人得到了及时救治,避免了更为严重的犯罪后果,可判处死缓	《人民法院案例选》总第56辑

案例名称	内　　容	出　　处
孙习军、王媛故意杀人案	①犯罪动机的卑劣与否,直接反映被告人的主观恶性及人身危险性的大小; ②犯意是否坚决,反映出被告人对危害结果是否坚定追求,表明被告人的主观恶性和人身危险性是否极其严重; ③同一个案件中判处两名以上被告人死刑的,应慎之又慎	《人民法院案例选》总第56辑
韩庆东等抢劫案	①入户抢劫的三个条件:为生活居住目的;是他人家庭生活的场所;与外界相对隔离的私密空间; ②在他人共同租用的房屋内进行抢劫的,因该房屋不具有家庭生活的属性,不属于"入户抢劫"	《人民法院案例选》总第56辑
夏锡仁故意杀人案	①帮助被害人自杀,社会危害性相对较小,犯罪情节较轻; ②被帮助自杀人的行为认识能力愈高,承受痛苦程度愈重,对帮助自杀人的量刑愈轻	《人民法院案例选》总第55辑
曹成等故意伤害案	①作案手段平常,所用的作案工具为一般的自来水管,犯罪手段不算太残忍,可不判死刑立即执行; ②故意伤害致死,可判死刑立即执行的:动机卑劣,犯意坚决;涉黑的首要分子或主犯;故意残害他人致死,社会影响恶劣; ③一般适用死缓的:恋爱、邻里等民间矛盾引发的纠纷;因激情而临时起意实施的;抢救被害人的,积极赔偿,得到谅解的;被害人存在明显过错的;伤害他人意志程度较低或出于一般的殴打故意的;共同犯罪致死,责任相对分散,具体责任难以分清的;刚满18岁或年满70岁的	《人民法院案例选》总第61辑
韩自华强奸案	因胁迫而应约发生性关系虽认定为强奸,但属于非典型的强奸行为,应从宽论处	《人民法院案例选》总第61辑

两种合法行为结合构成犯罪

——评黄某索赔案

◎事件经过

2006 年 2 月 9 日,黄某(化名:龙思思)在北京某科技有限公司(华硕计算机代理商)以人民币 20 900 元价格,购买了一台华硕 V6800V 型笔记本计算机,处理器配置是:英特尔公司出品的 Pentium-m760 2.0G CPU。

2006 年 2 月 9 日,黄某回家之后立即发现计算机出现使用异常,与新人公司联系,然后将计算机送到公司,并由公司陪同前往华硕计算机北京海淀分公司(太平洋大厦 11 层)进行检测,华硕公司工程师进行检测后告诉黄某,计算机无任何硬件故障,重新安装系统软件即可正常工作。

2006 年 2 月 10 日上午,接到华硕公司通知后黄某将计算机取回,发现计算机使用仍不正常。当日下午再次将该计算机送到华硕北京海淀分公司检测,并要求新人公司退货,新人公司承诺如果有硬件故障可以退货。如果没有硬件故障的话,不能退货。华硕公司对该机进行了检测之后,开具华硕皇家俱乐部服务行为报告单,华硕工程师告诉黄某,机器没有硬件故障,还是重新安装软件之后,问题解决了。黄某在华硕工程师的劝说下,将计算机取回。

黄某于 2006 年 2 月 14 日上午在律师陪同下,携带录音设备和摄像设备前往华硕公司。华硕公司工程师承认更换 CPU 的情况,并保证所换CPU为华硕公司原装正品,确认可以在华硕公司享受售后服务没有问题。

2006年2月14日起,黄某委托周某和长济律师事务所舒某律师代理向华硕公司维权的相关法律事宜。

2006年2月14日～2006年3月7日,黄某、周某、舒某律师先后多次与华硕公司协商谈判,并提出要求华硕公司出资500万美元用于成立中国反消费欺诈基金会的建议作为和解条件,如果和解不成将媒体曝光及向北京市海淀区人民法院提起民事诉讼。

2006年2月16日应华硕公司要求,在北京市公证处由华硕公司工程师对该机进行检测,结果确认该机内被换装的是工程样品处理器CPU无误。和解谈判过程中,华硕公司包括中国业务群总经理许某、品牌总监郑某在内多位高层亦承认更换工程样品CPU一事,并详细说明更换过程。

2006年2月18日,黄某与周某前往英特尔(中国)有限公司,向英特尔公司公关经理汪某介绍了华硕公司在服务过程中使用工程样品处理器CPU的情况,英特尔公司表示非常重视此事,并且表示愿意督促华硕公司尽快妥善解决。

2006年3月5日,多次谈判未果的情况下,黄某决定向法院起诉,通过法律程序解决此事,并正式告知华硕公司准备启动相应法律程序。

2006年3月7日,华硕公司以谈判为由,将黄某和代理人周某召至华硕公司北京分公司,然后报警对其进行抓捕。

2006年3月8日,黄某及其代理人周某,被北京市公安局海淀分局以涉嫌敲诈勒索罪刑事拘留。

2006年4月14日,黄某及其代理人周某,被北京市海淀区人民检察院以涉嫌敲诈勒索罪批准逮捕。

2006 年 6 月 13 日,黄某及其代理人周某接到北京市海淀区人民检察院下发关于受理 2 人涉嫌敲诈勒索的犯罪嫌疑人权利义务告知书。

2006 年 7 月 26 日～11 月 10 日,北京市海淀区人民检察院以证据不足为由两次退回北京市公安局海淀分局补充侦查。

2006 年 12 月 26 日,北京市海淀区人民检察院以证据不足为由,批准黄某取保候审。

2007 年 11 月 9 日,北京市海淀区人民检察院以证据不足为由,对黄某做出不起诉决定。

2008 年 6 月 5 日,黄某向北京市海淀区人民检察院提出错案国家赔偿申请。

2008 年 6 月 16 日,北京市海淀区人民检察院对黄某发出审查刑事赔偿申请通知书,赔偿请求进入确认程序。

2008 年 9 月 22 日,北京市海淀区人民检察院作出京海检刑赔确决 (2008)0002 号刑事赔偿确认决定书,确认黄某刑事赔偿的申请。

黄某向华硕索赔 500 万美元案经媒体曝光后,引起社会轰动。对于黄某向华硕公司提出高额的惩罚性的索赔究竟是一种合法的维权,还是一种敲诈勒索？因黄某案的一些事实本身无充分的证据证明,难以下结论。我们不妨从黄某案中抽象出一个问题来进行探讨,似乎更有意义,即黄某以将向媒体曝光及向法院诉讼为条件,要求华硕支付 500 万美元,是否构成敲诈勒索。具体讲,黄某向华硕公司索赔 500 万美元是否能够证明其主观上具有非法占有目的？将把华硕欺骗消费者的事实向媒体曝光或向法院起诉是否属于敲诈勒索罪的"要挟"行为？通过这种"要挟"行为来实现债权是否构成敲诈勒索罪？

敲诈勒索罪,是以非法占有为目的,以威胁或者要挟的方法,强索公私财产的行为。主观上具有非法占有目的,客观上以威胁或要挟的方法恐吓被害人,被害人基于恐吓心理而交付财物。具体到黄某案,界定正当维权与敲诈勒索罪的边界,也应该围绕敲诈勒索罪主客观要件展开。

1. 关于黄某主观上是否具有非法占有目的。黄某向华硕公司索赔500万美元,是否能够说明其具有非法占有的目的,应从权利与权利对价金额之间的关系入手。在华硕公司违约或侵权后,黄某享有要求其赔偿的权利。根据权利对应的金钱数额是否确定,可以将权利划分为确定权利和不确定权利。确定权利指该权利的具体数额是确定的,反之,如果行为人行使权利时,其权利的数额是不确定的,就是不确定权利。行为人拥有某种确定的权利,为了实现这种确定的权利无论采取什么手段,手段是否合法,都不影响排除其主观上具有非法占有他人财物的目的,行为人的主观目的是实现自己的权利,实现自己权利的目的和非法占有他人财物的目的不可能共存。但是如果行为人故意超出自己的权利范围,其超出部分当然具有非法占有目的,是否构成犯罪,需考察该罪名下的其他要件。而行使不确定权利,提出多少赔偿数额是恰当的,如侵权纠纷的精神损害赔偿,什么情况下具有非法占有目的,则显得更复杂,其评价原则有待发现,但不影响对黄某案的分析。无论黄某向华硕公司提起侵权之诉还是违约之诉,其赔偿数额都不会超过《消费者权益保护法》规定的"双倍"赔偿范围,应属于一种确定权利,根据确定权利的评价原则,黄某主观上显然具有非法占有的目的,是否构成敲诈勒索还需评价其手段行为是否符合敲诈勒索罪客观行为要件。

2. 关于黄某将把华硕欺骗消费者的事实向媒体曝光或向法院起诉是否属于敲诈勒索罪的"要挟"行为。向法院起诉与向媒体曝光,是两种不同的权利,消费者向法院起诉的权利,属于该债权本身的自然延伸,是实现债权的天然手段;而向媒体曝光则属于涉及社会公共利益的一种社会监督权,是公共权利,与债权本身是没有任何关系的,两种权利的性质不同。这两种权利行使效果也不一样。诉讼是现代社会解决纠纷最主要的方式,将纠纷提交法院解决,一般人看来,显然不会对相对方带来什么精神强制。因此,威胁诉诸法院,只是受害方在和解中促使相对方满足自己要求的策略而已,与敲诈勒索的"要挟"有本质区别。但向媒体公布则不同。媒体由于传播信息的迅捷性、广泛性,一旦商家的商品缺陷或者服务劣质被公之于众,对其将会带来极其不利的后果,甚至是毁灭性的打击。因此,向媒体公布会对相对方造成一定程度的精神强制,具有敲诈勒索的"要挟"性质。

索取高额赔偿与向媒体曝光本来是两个行为。单纯的高额索赔,根据私法自治原则,当事人双方可以自由地就赔偿数额进行协商,与法律无涉。纯粹的向媒体曝光,正是对制假、售假者的合法监督,该行为对社会不仅没有造成社会危害,反而对社会有益。但当高额的索赔,与向媒体曝光这种胁迫因素结合时,则性质截然不同。在将两个彼此独立、毫无关联的合法行为组合成一个新的行为之后,新行为就具有一种不同于其组成行为的性质。对于这一新行为的合法性,就不能根据其组成行为来判断,而应根据该行为本身的性质来判断。

黄某主观上具有非法占有的目的,实施了以向媒体揭发华硕公司的商业隐私相要挟,索取巨额财产(超过其合法权利的财产)的行为,客观上产生了侵害法益的现实危险性,构成敲诈勒索罪,未遂。

北京市海淀区人民检察院对黄某以"犯罪事实不清,证据不足"为由决定不起诉,社会各界很多人士也是呼声一片,但我们不得不深思,我们社会正义观念的变迁,似乎总是在"以毒攻毒",这有利于诚信社会的构建吗?

◎附注

"行为人在法律上有从他人那里取得财物或财产上利益,是否构成敲诈勒索罪。对此问题,无论是英美法系国家还是德、日等大陆法系国家均存在争论。"——刘明祥:《财产罪比较研究》,中国政法大学出版社2001年版,第301~309页。

"简单地以财产罪的本质是侵犯财产权(恰恰争论也就体现在对财产权的界定)来否定行使权利的行为不构成财产罪,似乎欠妥。从实务来说,目前可参照上述准判例(构成敲诈勒索罪)来处理类似的案件。"——刘树德:《敲诈勒索罪判解研究》,人民法院出版社2005年版,第86~88页。

下篇

案例篇

饶某职务侵占无罪案

◎起诉指控

2005 年 4 月至 2006 年 1 月,饶某利用其与所在单位华盛公司签订的内部承包合同,担任广州南部快线项目工程 SD10 标段项目部经理的工作便利之机,采用虚报工程水泥款支出的方法,骗取华盛公司额外支付水泥加工费 1 231 326.6 元;出具虚假证明,收取了广东润江公司退回给华盛公司的超供水泥款 1 695 702 元,不交回公司,将此二笔款项共 2 927 028.6 元据为己有。

此外,2004 年 1 月至 2 月期间,饶某利用职务之便把华盛公司用于 SD 项目工地上的钢材卖给个体商人李某,并将钢材变卖所得款项 3 104 827 元通过他人账户转入其本人和其妻子账户,据为己有。据此,饶某构成职务侵占罪。

◎案件历程

饶某于 2007 年 8 月 28 日被刑事拘留,同年 9 月 30 日逮捕。到 2009 年 5 月 20 日才作出一审无罪判决。检察院不服提起抗诉,二审法院于 2010 年 8 月 2 日判决撤销一审判决,发回重审。一审法院重审,于 2012 年 3 月 8 日作出无罪判决。检察院仍不服提起抗诉,二审法院于 2012 年 12 月 8 日裁定驳回抗诉,维持无罪判决。历经五年半,本案最终以无罪判决画上句话。

我入行跟师傅学习刑事辩护的时间也是 2007 年,这五六年里对于饶某职务侵占案查找过很多资料,研究过很多案例。所以,该案件是我刑事辩护成长之路最好的磨刀石。在本案的辩护过程中,有两点一直让我很感动:一是师傅把他二三十年的律师经验无私地传授给我,而我学习和领悟到的不多,所以还需要不断的磨练;二是法官的智慧,他们对本案看得更透,对事物的本质把握得更深刻、更全面。所以,作为刑事辩护律师时刻都需要保持谦卑,向同行、向法官学习。

本律师出庭参与饶某案的重审,为了庭审过程中简洁说明辩护观点,我把详细的辩护意见,又浓缩成庭审演讲稿。所以,本案重审有两份辩护词,一份是简略版,用于庭审演讲;另一份是详细论述的书面稿,供法官庭后参考。

◎重审庭审演讲稿

辩护意见

尊敬的审判长、人民陪审员:

关于饶某是否构成职务侵占罪,可以归纳为两个焦点,一个误区。

焦点一:甲供材料与华盛公司在 SD10 可获取的利润有没有关系。如果没有,无论饶某采取何种手法占有超领的甲供材料,都不可能侵犯华盛公司的财产所有权。

焦点二:饶某与华盛公司之间《内部承包合同》的性质。因为合同的性质直接决定:① 饶某与华盛公司之间的关系,是平等主体之间的合同关系,还是具有行政隶属关系的劳动关系,换言之,饶某是不是华盛公司的员工,是否具备职务侵占罪的主体要件;② 饶某持有 SD10 项目的财物(占有超领甲供材料)是基于承包合同,还是基于华盛公司赋予的职权,换句话说,就是饶某有没有职务之便,是不是利用职务之便,是否具备职务侵占罪的客观要件。

误区:华盛公司与饶某之间的债权债务关系,与饶某是否构成职务侵占罪有没有关系。即我们一直想弄清楚,到底是饶某欠华盛公司钱,还是华盛公司欠饶某钱,然后以此判断饶某是否构成职务侵占罪。显然,将民事纠纷刑事化,这正是误区所在!

关于焦点一:关于甲供材料与华盛公司在 SD10 可获取利润之间的关系,我们认为两者之间不存在任何关系。甲供材料是否超领,是否存在结余,与华盛公司在 SD10 项目中仅依据中标承包价 14.3% 获取的承包费没有任何关系。因此,饶某依据合同超领甲供材料并依约支付对价,不可能侵犯华盛公司的财产所有权。具体理由如下:

1. 华盛公司在 SD10 项目中能获取的财物,仅限于中标承包价(工程承包价)的 14.3%,与甲供材料无关。

华盛公司(后改为裕达公司)与项目部(即饶某)签订的《南部快线项目内容承包合同》第五条 3(1):"(承包上缴公司金额)按该工程成本造价估算书的测定,本工程应上缴公司费用 955 万元(上缴比例为中标承包价的 14.3%),(见成本估算书)"。

而根据第一条规定,"中标承包价"与"甲供材料"相互并列。即甲供材料不包含在中标承包价之内。由此可见,甲供材料与华盛公司依据"中标承包价"获取的"上缴费用"无关。

而根据《成本估算书》第五条:"因此本工程成本不再考虑甲供材料节余"。不考虑甲供材料节余,意味着如有节余,节余归承包人饶某所有,与华盛公司没有任何关系。

综上,华盛公司在 SD10 项目中能获取的财物,仅限于中标承包价(工程承包价)的 14.3%,与甲供材料无关。

2. 饶某根据约定可以超领甲供材料,超领甲供材料行为实际上是一个民事买卖关系,超领材料的数据清楚,责任人明确,根本不可能构成对他人财产所有权的侵占。

永达公司与中建五局签订的《工程施工承包合同》约定:"甲供材料

按合同数量供应,一次性包死不因任何原因(变更设计除外)调整……乙方实际用量若超过清单数量,甲方仍然供应,结算时超用数量按清单单价扣乙方工程款,如果市场超出清单单价时,应按市场进货价扣乙方工程款"。

该条款清楚地说明了两个问题:① 承包人可以超领甲供材料;② 承包人如果超领了按照市场价格支付对价,付款方式为结算时在工程款中抵扣超领材料款。

中建五局转包给裕达公司,裕达公司转包给饶某。饶某作为最终承包人,承继了该合同条款约定的权利义务。即饶某可以超领甲供材料(实际履行合同过程中也确实按该条款履行)。同时,饶某在结算时对超领甲供材料支付对价。

根据业主永达公司的出货记录等,超领的数据清楚明确,只需结算时按照固定的价格计算即可。现在,中建五局与永达公司之间已经结算,裕达公司与中建五局也已结算,但裕达公司与饶某尚未结算。饶某超领材料部分永达公司、中建五局均已在应支付给承包人的工程款中扣抵,而裕达公司当然会在与饶某结算时从支付的工程款中扣抵"超领材料部分"。饶某超领甲供材料的债权债务,清楚明确,不存在饶某侵犯他人财产所有权的可能性。

综上所述,甲供材料与华盛公司在 SD10 项目中可获取的利润无关,饶某无论如何超领,都不可能侵犯华盛公司的财产所有权。因此,本案不具备职务侵占罪的客体要件。

关于焦点二:关于饶某与华盛公司之间《内部承包合同》的性质,我们认为属于平等主体之间的承包合同。由此可以得出两个结论:一、饶某不是华盛公司的员工,不具备职务侵占罪的主体要件;二、饶某占有SD10 项目的财产(甲供材料)是基于承包合同,而不是华盛公司赋予的职权,也就不具备职务侵占罪的客观要件。具体如下:

1.《内部承包合同》属于平等主体之间的承包合同。

判断合同的性质不是看合同名称,而是通过合同的具体条款体现的权利、义务来确定。根据民事法律规定,承包合同的本质特征,就是自主经营、自负盈亏。具体到本案《内部承包合同》的条款,例如《内部承包合同》:"承包方式:……项目部独立核算……项目部降低责任成本实现利润的分成部分由项目部自行分配,若项目部实际成本超过责任成本,其超支部分由项目部班子成员风险抵押金进行抵扣……若风险抵押金仍不足抵扣的,由承包人其他财产进行抵扣",体现了"自主经营、自负盈亏"的特性。除此,周某某、邹某某关于"如果亏损要以饶某个人财产补足承包费"的证言,也充分印证了《内部承包合同》具有"自主经营、自负盈亏"的特性。可见,本案《内部承包合同》完全符合承包的本质特征。本案所谓的"内部承包合同",实质是典型的"承包合同"。

2. 饶某作为 SD10 项目的承包人,与华盛公司是平等的民事主体,不是华盛公司的员工,不具备职务侵占罪主体要件。

承上所述,《内部承包合同》属于承包合同。根据民事法律规定,承包人与发包人之间是平等的民事主体。饶某作为承包人,与发包人华盛公司是平等的。换言之,饶某不可能是华盛公司的员工。根据职务侵占罪主体要件的规定,饶某不具备职务侵占罪的主体要件。

除此,根据刑法将"受委托(承包、租赁)经营国有财产者"另行特别规定为贪污罪主体(不属于"受贿罪、挪用公款罪"的犯罪主体),以此区别"国家工作人员",充分说明了作为平等主体的"承包人"不属于与发包人(国家机关、国有公司、企业)具有行政隶属关系的"国家工作人员"。同理,承包非国有财产的承包人也不属于与发包人(非国有公司、企业)具有行政隶属关系的公司人员。具体到本案,饶某作为承包人,与华盛公司不具有行政隶属关系,不是华盛公司的人员,不符合职务侵占罪主体要件。

至于公诉人根据"总经理助理"等任命书以及参与华盛公司会议纪要等证据证明饶某属于华盛公司员工。① 公诉人对本案事实证据认识不全面,华盛公司出具这些材料的唯一目的就是借用饶某的职称以便于获取资质,同时,饶某的人事档案关系,都在中金公司,社保等都是自己掏腰包。这些事实、证据,充分证实饶某不是华盛公司员工。② 退一步说,即使先前的任命书等可以证明饶某属于华盛公司员工,但在签订《内部承包合同》时,履行承包合同过程中,饶某作为与华盛公司平等的民事主体,也不属于华盛公司员工。饶某不属于刑法意义上的公司人员。

3. 饶某持有承包范围内的财产,是依据《内部承包合同》而不是利用职务之便,是"合法持有"并非"非法占有",不符合职务侵占罪的客观要件。

饶某与华盛公司之间是发包人与承包人的关系,是平等主体之间的法律关系,不存在隶属关系,不存在谁是谁的员工的问题,当然就更不可能存在实质上的职务;饶某合法持有的根据是其作为承包人行使《内部承包合同》约定的权利的结果,并非公司赋予的职权。没有实质的职务,也就根本上不存在利用职务上的便利,不具备职务侵占罪的客观要件。

关于误区:关于饶某是否构成职务侵占罪,历经三年有余,从认为饶某只要利用虚假手段占有了甲供材料款即构成犯罪,发展到司法鉴定饶某欠华盛公司多少钱(即侵占华盛公司多少财产并构成职务侵占罪),厘清华盛公司与饶某之间的债权债务。这一发展过程,可以说是正确的,逐渐接近职务侵占罪的本质,但同时,也是一个误区。因为饶某与华盛公司之间的债权债务关系,属于民事法律调整范围,而我们一直将该民事纠纷刑事化。这正是我们的误区所在!

饶某有没有向华盛公司交纳承包费?是不是足额交纳?因承包费数额清楚,权利义务约定明确,完全可以通过民事途径解决。饶某租赁华盛公司的设备该付多少租金?何时应该退回? ……同样属于民事法调整对象。

即使我们一直沿着这个方向，纠结于饶某与华盛公司之间的债权债务，根据现有的司法鉴定结论及周某某、财务马某某、陈某某等人的证言，已经证实华盛公司至少欠饶某 11 万多元。华盛公司控告饶某侵占其财产，就纯属"贼喊捉贼"。

尊敬的审判长、人民陪审员，通过上述关于本案两个焦点问题的论述，我们可以清楚地判定，本案无论是客体、主体要件均不符合职务侵占罪的构成要件。同时，也认识到坚持不懈地鉴定华盛公司与饶某之间债权债务关系，只是一个误区。请让民事的回归民事！据此，恳请法庭宣判饶某无罪！

此致
天河区人民法院

广东南方福瑞德律师事务所
律师：
2010 年 10 月　　　日

◎庭后详细稿

辩 护 词

尊敬的审判长、人民陪审员：

广东南方福瑞德律师事务所接受被告人饶某的委托，指派文超、杜均品律师担任其辩护人。辩护意见如下：

公诉机关指控饶某占有甲供材料款项构成职务侵占罪，是因为对《内部承包合同》性质认识错误，以及没有厘清甲供材料、工程承包价与"应上缴费用"之间的关系。饶某与华盛公司签订的《内部承包合同》属于平等主体之间的承包合同关系，饶某不是刑法意义上的公司员工，不符合职务侵占罪的主体要件，其合法持有承包范围内财产的根据不是利用职务之便,而是依据《内部承包合同》行使承包方权利的结果;饶某超领的甲供材料,因为不包含在工程承包价内而不影响华盛公司仅依据工程承包价收取的"上缴费用",因而不可能侵占裕达公司对"上缴费用"的所有权,不具备职务侵占罪的客体要件。据此,应宣判饶某无罪。具体理由如下:

一、饶某与华盛公司签订的《内部承包合同》属于平等主体之间的承包合同关系,饶某不是刑法意义上的公司员工,不符合职务侵占罪的主体要件,其合法持有其承包范围内财产的根据不是利用职务之便,而是依据《内部承包合同》行使承包方权利的结果。

1. 饶某与华盛公司签订的《内部承包合同》属于平等主体之间的"承包"合同关系。

①《内部承包合同》属于平等主体之间的承包合同

判断合同的性质不是看合同名称,而是通过合同的具体条款体现的权利、义务来确定。本案所谓的"内部承包合同"完全符合承包的法律涵义及合同性质,实质是典型的"承包合同"。

承包"其特点是,承包人员取得管理权、经营权,而所有权仍属原单位,承包人除按合同规定向发包方履行上交利润、管理费以及其他法定义务,但自主经营、自负盈亏、节余归己。……承包人与发包人是平等的民事主体,承包人除履行合同义务外,一切经营活动都是自主决定,具有很大的独立性,单位只能对其进行一般的监督,以防财产流失。"(高铭暄:《刑法专论》第 777 页,见附件 1)

承包人的经营自主权、独立核算、自负盈亏是什么意思,指向的具体权利是什么? 简单地说,意味着承包人对于施工的人、财、物、资金组织有绝对的权利、义务。 (附件 2)

根据上述承包的法律内涵及特征,具体到本案,《内部承包合同》约定实行"独立核算、自主经营、自负盈亏"等内容符合承包合同的法律本质特征,本案所谓的"内部承包合同"实质是典型的"承包合同"。《内部承包合同》以下条款,以及相关人员的证人证言可以证实。

《内部承包合同》:"承包方式:⋯⋯项目部独立核算⋯⋯项目部降低责任成本实现利润的分成部分由项目部自行分配,若项目部实际成本超过责任成本,其超支部分由项目部班子成员风险抵押金进行抵扣⋯⋯若风险抵押金仍不足抵扣的,由承包人其他财产进行抵扣"。

周某某(华盛公司的法定代表人)的证言:

问:当时华盛公司与饶某所签订的SD10标段的内部承包合同的主要内容是什么? 答:实行经济责任承包,确保工程质量,按合同上缴公司利润,合同明确饶某在SD10项目必须要上缴公司955万元利润,如不能完成则以饶某的个人财产来抵押。

邹某某(项目经理)的证言:

一般不会亏损⋯⋯就算是亏损,也要按照内部承包合同确定的上缴费用基数来上缴费用。

② 饶某不是华盛公司的员工

判断是不是公司的员工,总结相关理论和司法实践,通说认为应从两方面来分析判断,即一方面看行为人与公司之间是否存在人事档案关系;另一方面看行为人与公司之间有没有行政隶属关系。双方之间是劳动关系还是受《合同法》调整的合同关系,公司员工与公司是劳动关系,主要体现从公司财产中领取工资;非公司员工的平等主体是受合同法调整的合同关系,双方的收益是因履行合同而取得合同利益。

本案被告人饶某的人事档案关系一直属于深圳中金建筑工程有限公司,而不是华盛公司。饶某与华盛公司之间既没有签订劳动协议没有形式上的劳动关系,也没有证据证明形成了事实上的劳动关系。承包期间饶某每月从华盛公司账户领取的所谓"工资",不是由华盛公司财产支付的体现双方劳动关系的实质意义上的工资,而是SD10项目中支付的成本费用,只是因为承包方未单独设立账户,而在华盛公司专立账户收支。也就是说,饶某每月获得的"工资"是承包SD10项目的劳动成本,由设在华盛公司的专门账户支付罢了。根本不是从华盛公司的财产中支出,这与公司给员工因劳动关系而发放的工资有本质的区别。

至于公诉机关以饶某"总经理助理"等任命书以及参与华盛公司会议纪要等证据证明饶某属于华盛公司员工,这与华盛公司只是为了资质升级借用饶某的职称,以及饶某的工资、社会保险均由其自己掏腰包、人事档案关系也不在华盛公司的事实不符。退一步说,即使先前的任命书等可以证明饶某属于华盛公司员工,但从饶某与华盛公司之间签订承包合同时起,饶某与华盛公司之间就属于平等主体之间的承包合同关系。饶某就不属于刑法意义上具有行政隶属关系的公司人员。

2. 饶某作为SD10标段的承包人,不是华盛公司的员工,不符合职务侵占罪的主体要件。

除上述人事档案、工资等直接证明饶某不是华盛公司员工,与华盛公司是平等主体之间的合同法律关系外,还可以根据对贪污罪主体的特别立法规定,印证承包这种属于受委托经营、管理公司企业财产的主体,不属于公司企业行政隶属关系的单位人员,承包人不能成为职务侵占罪的主体。

《刑法》第三百八十二条第二款特别规定"受国家机关、国有公司、企业、事业单位、人民团体委托管理、经营国有财产人员,利用职务上的便利,侵吞、窃取、骗取或者以其他手段非法占有国有财物的,以贪污论。"

最高人民法院《全国法院审理经济犯罪案件工作座谈会纪要》进一步明确"委托管理、经营国有财产,是指因承包、租赁、临时聘用等管理、经营国有财产。"(附件6)

刑事立法特别规定承包国有财产人员,可以成为贪污罪主体。也就是说实质上这类人员根本就不属于《刑法》第九十三条的"国家工作人员"(包括国家机关工作人员和"以国家工作人员论"的工作人员)(附件

7）。同理，承包、租赁非国有（公司、企业）财产人员不是（职务侵占罪）发包、出租公司、企业的人员！除非法律特别规定为该罪主体。这表明受委托管理、经营国有财产的承包、租赁等方式的平等法律关系的主体是一种特别规定，仅适用贪污罪。（法释〔2000〕5 号文，明确规定不能作为挪用公款罪的主体）（附件 8）。特别规定只能适用于特别情形，不具有普遍意义。根据罪刑法定原则，饶某作为承包这种受委托经营、管理公司企业财产人员不属于职务侵占罪的主体。司法实践中，朱健生职务侵占案（附件 9）、钮国兴案（附件 10）、应某职务侵占案（附件 11）、姚汉昭职务侵占案（附件 12）也阐明了"行为人与公司之间是平等主体之间的民事法律关系（买卖合同关系、承包关系、租赁关系等）时，行为人与公司之间不存在行政隶属关系，不是公司的人员，不符合职务侵占罪的主体要件"这一规则，佐证饶某不是华盛公司的人员，不符合职务侵占罪的主体要件。

附表比较

罪名	主体	与单位的关系	是否法定为犯罪主体
贪污罪	国家工作人员（单位人员）	行政隶属关系	是
	受委托管理、经营国有财产的人员	平等民事法律关系（承包、租赁等合同关系）	法律特别规定"以贪污论"
职务侵占罪	公司、企业或其他单位的人员	行政隶属关系	是
	受委托管理、经营公司、企业财产的人员	平等民事法律关系（承包、租赁等合同关系）	法律没有规定，司法实践认为不构成职务侵占罪

3. 饶某持有承包范围内的财产，是依据《内部承包合同》而不是利用职务之便，是"合法持有"并非"非法占有"，不符合职务侵占罪的客观要件。

职务侵占罪的客观要件要求行为人"利用职务上的便利，将本单位的财物非法占为己有"。"非法占为己有"是行为人有将自己根据职务合法持有的财物非法占为己有的行为,才构成本罪。如上所述,饶某与华盛公司之间是发包人与承包人的关系,是平等主体之间的法律关系,不存在隶属关系,不存在谁是谁的员工的问题,当然就更不可能存在实质上的职务。没有实质的职务,也就根本上不存在利用职务上的便利。因此,从职务侵占罪的内在逻辑上讲,指控饶某职务侵占,就必须承认他合法持有在先(非法占有在后),那么必须回答饶某合法持有的根据是什么?是"项目经理"这个虚名吗?当然不是!饶某合法持有的根据是其作为承包人行使《内部承包合同》约定的权利的结果。

承前所述,根据承包的法律内涵及特征,承包人对于施工的人、财、物、资金组织有绝对的权利、义务。具体运用到本案,承包人饶某有权持有承包范围内的财产!而且是合法持有!是经营自主权中的资产支配权的具体体现!至于合同具体条款相互抵触、自相矛盾的地方,如,自主经营权;独立核算、财权、项目拨款权,但又要遵守合同相对方华盛公司的内部制度等等。即使承包人违反了某些自相矛盾的合同条款,也要根据合同本身的性质、订立合同的目的来判断其是守约还是违约。即使违约,也不违反承包的法律精神,更不违反刑事规范!进一步说,饶某即使采取欺诈等手段持有本该自己持有的财物,也只是操作程序瑕疵问题,并不改变其持有财产的权利。

二、饶某超领甲供材料的行为,不可能侵犯裕达公司的财产所有权,不具备职务侵占罪的客体要件。

本案承包合同的特殊性在于,华盛公司在 SD10 项目中能够取得的财物,仅限于中标承包价(工程承包价)的 14.3%。而甲供材料部分是不包含在工程承包价之内独立的内容(由于其单价是固定不变且由业主提供的,也不会产生利润)。饶某超领了合同约定的甲供材料数额时,合同约定由饶某承担超领材料部分的对价,不影响华盛公司获取饶某上缴的费用。因此,饶某超领甲供材料的行为不可能侵占裕达公司对"上缴费用"的所有权,也就不可能侵犯裕达公司的财产所有权。

1. 华盛公司在 SD10 项目中能获取的财物,仅限于中标承包价(工程承包价)的 14.3%,而甲供材料不包含在中标承包价之内。

华盛公司(后改为裕达公司)与项目部(即饶某)签订的《南部快线项目内容承包合同》第一条约定:"工程总价:12 398 950 元;其中,乙方承包价:66 844 970 元;甲供料价:53 055 475 元;税金:4 088 605 元"。

第五条 3(1)"(承包上缴公司金额)按该工程成本造价估算书的测定,本工程应上缴公司费用 955 万元(上缴比例为中标承包价的 14.3%),(见成本估算书)"。(附件 1)

裕达公司出具的《情况说明》:"在该项目的承包范围内增加了约 761 万元工程量,即该项目的最后总承包价为 7 446 万元。按照承包合同利润比例计算,应该增加利润 108 万元,即该项目总预算核定利润是 1 063 万元,但公司仍然计划按照原定的利润 955 万元与项目部计算"。可见,无论工程总量是否变化,华盛公司在 SD10 项目能够获取的财物仅限于中标承包价的 14.3%。

《成本估算书》第五条:"因此本工程成本不再考虑甲供材料节余"。也就是说,不考虑甲供材料节余,意味着如有节余,节余归承包人。(附件 2)

根据上述约定,甲供材料 53 055 475 元,是独立于承包价 66 844 970 元之外的。甲方裕达公司在 SD10 项目中能够获取财物(饶某上缴的费用)的基数——中标承包价,即只与 66 844 970 元有关,即 66 844 970 元×14.3%≈955 万元。

2. 关于"节余"甲供材料是否存在及其归属的问题。

① 本案没有证据证明甲供材料存在节余。

② 即使甲供材料存在节余,依据饶某与华盛公司之间约定应归饶某所有。如上所述,《成本估算书》第五条:"因此本工程成本不再考虑甲供材料节余",就意味着甲供材料如有节余,节余归承包人。结合《内部承包合同》约定华盛公司可获取财物的范围仅限于中标承包价14.3%的条款,可以判定"节余"甲供材料归承包人饶某所有。

3. "超领"材料依约定,由饶某承担支付对价,超领甲供材料行为实际上是一个民事买卖关系,在超领材料的数据清楚,最终支付对价责任人明确的情况下,根本不可能构成对他人财产所有权的侵占。

永达公司与中建五局签订的《工程施工承包合同》约定:"甲供材料按合同数量供应,一次性包死不因任何原因(变更设计除外)调整……乙方实际用量若超过清单数量,甲方仍然供应,结算时超用数量按清单单价扣乙方工程款,如果市场超出清单单价时,应按市场进货价扣乙方工程款"。(附件3)

中建五局转包给裕达公司,裕达公司转承包给饶某,对此约定饶某最终承继了该合同条款约定的权利义务。在实际履行合同过程中也确定最终按该条款领取材料。

饶某领取材料超过了承包合同约定的数量,应自己掏腰包支付对价,这在《内部承包合同》第一条是有明确约定的:"甲供材料53 055 475"。显然,明确了发包方只提供53 055 475元的材料,超领部分发包方不承担而是由承包方承担支付对价。是该条款的应有之意。

因此,饶某在本案中超领甲供材料部分是允许的,支付超领甲供材料部分价款是有合同明确约定的。根本不可能影响裕达公司的"上缴费用"之所有权,不可能侵犯法益。

本案,中建五局与永达公司之间已经结算,裕达公司与中建五局也已结算,但裕达公司与饶某尚未结算。饶某超领材料部分永达公司、中建五局均已在应支付给承包人的工程款中扣抵,而裕达公司当然会在与饶某结算时从支付的工程款中扣抵"超领材料部分"。不影响按照中标承包价的 14.3% 确定"上缴费用"(变更设计、增加工程部分等按新的约定)。裕达公司所得"上缴费用"不会因饶某"超领甲供材料"的多少受直接影响。"上缴费用"、"超领材料数额"、"超领材料付款责任人"都有清清楚楚的约定。不因超领材料而侵犯裕达公司对"上缴费用"的所有权。因此,本案不具备职务侵占罪的客体要件。

三、饶某已经超额交纳了承包费,华盛公司财产不仅没有受到侵犯,反而侵占了饶某的财产。

因饶某与华盛公司之间尚未结算,其债权债务关系不明确。为此,公诉机关对饶某与华盛公司之间的结算金额进行司法鉴定专项审计。该审计报告仅依据华盛公司提供的数据,片面的认为饶某欠华盛公司 336 374.55 元。事实上,根据在案的事实、证据证实,不是饶某欠华盛公司钱,而是华盛公司欠饶某钱。具体理由如下:

1. 司法鉴定利润表仅依据华盛公司自制的工程结算成本数据,不具有真实性。

利润表中认定工程结算成本项目包括:材料费、机械使用费、其他直接费用、分包成本、中建五局管理费,除中建五局管理费是与第三方发生且有证据印证外,其他各项费用鉴定结论中都没有做出说明,使用的术语也不符合会计规范,都是华盛公司自行确定的。饶某与华盛公司一直没有结算清楚,很多是因为华盛公司滥造成本项目。所以,利润表中的工程结算成本不具有真实性。

① 以华盛公司挪用 SD10 标段 100 多吨钢材为例。该 100 多吨钢材有没有退回 SD10 标段?如果没有用于 SD10 标段,司法鉴定又怎能列入 SD10 标段的成本呢?显然华盛公司存在虚列成本,减少利润之嫌。

证　人	作证时间	证言内容
饶某	2008-5-20，P1	公司也征求我的意见，在 SD10 项目挪用了 100 多吨钢材用于华盛公司花都的项目（这在华盛公司的账上可以查到）

② 以机械使用费 981 832.91 元为例，该费用是租赁费用，与承包关系无关，不应当计算在与承包费相关的工程结算成本中。

饶某租赁华盛公司的机械公司另外收取租金，是独立于承包费之外的。根据《内部承包合同》第五条第（3）项的约定：项目部租用公司的施工机械设备、周转材料等按实际发生的租金费用上缴。据此，机械使用费是基于租赁关系产生的租赁费，与承包费没有任何关系。而租金什么时候缴，应以公司与饶某约定的履行付款时间为准。按饶某今天在庭上的供述，机械设备、周转材料的租金是在工程完工后结算时支付。华盛公司单方面在财务记账上将未到期债务的租金变更为已实现的工程成本，从而将已缴够的承包费变成还欠 33 万多元，将还欠的租金变成已全部交齐。显然，鉴定结论没有分清费用产生的法律关系，导致租赁费用计算到影响承包费的工程结算成本中了。

2. 司法鉴定利润表应当将饶某交给华盛公司的 45 万元废钢材款列入净利润，认定华盛公司至少欠饶某 11 万多元。

华盛公司在广州南沙港快速路 SD10 标段项目中获取的净利润，应当是该项目过程中所有收入减去所有成本后的总和。而司法鉴定书却利用"工程结算承包价—工程结算成本"的工程结算利润顶替了净利润，并没有把华盛公司在该项目中获得的其他收入计入。明显漏列的数据，如饶某将 SD10 标段废钢材款 45 万交给华盛公司。饶某交回的这 45 万元，显然属于华盛公司在该项目过程中的收入，应当计入其已实现的利润表。即使按照司法鉴定提供的第 3、4、5 表的计算，也应当是华盛公司欠饶某 11 万多元,而不是饶某欠华盛公司 33 万多元。

饶某将 SD10 标段废钢材款 45 万元交回华盛公司,下列证据可以证实:

证 人	作证时间	证言内容
陈某某	2007 - 08 - 15,P3	"我收到这 300 多万钢材款后,10 多万元那张转账支票是由我直接交回华盛公司的财务林某某或者张会计……"
周某某	2007 - 9 - 12,P5	"陈某某在 2005 年 1 月份曾向公司财务交回 29 万多元(三张收据)废钢材款"
马某某(华盛公司的会计、财务)	2007 - 9 - 13,P3	"我公司财务账上反映饶某在该项目将变卖废钢材款约 40 万元交回公司。在 2004 年初收过两次支票大约 11 万元,在 2005 年 11 月份收过现金 2 次 29 万元,这几次所交回公司的废钢材款,都是陈某某拿回来交的"
饶某	2007 - 8 - 28,P4	"我和陈某某把这 45 万元钢材款都是以现金的形式交回给华盛公司的出纳林某某的,他没有给我们开收据"

3. 鉴定结论认定延长工期华盛公司应给饶某的补偿,适用基数错误,补偿金额明显少于实际损失。

4. SD10 标段使用固定资产及周转材料未交回公司的摊余价值 1 433 816.10元,是饶某与华盛公司之间关于设备租赁的法律关系,与本案不具有关联性。

对于鉴定结果在案件中的适用,必须明确一个前提,即只有涉及承包关系的数据,才与饶某与华盛公司之间利润分配存在关联性,也才与公诉人所说的职务侵占罪沾上点边。司法鉴定结论认定 SD10 标段使用固定资产及周转材料未交回公司的摊余价值为 1 433 816.10 元,这些固定资产和周转材料是饶某向华盛公司租赁的,属于民事合同法调整的范围,与职务侵占罪无涉。

综上,本案无论是主体、客体要件还是事实证据,任何一点均能否定指控饶某职务侵占罪成立。司法鉴定结论更进一步说明华盛公司的财产没有受到侵犯,不符合职务侵占罪的构成要件。

结合已经查明的事实,本案分明就是一个普遍存在的承包合同的民事纠纷。到底是华盛公司欠饶某的钱,还是饶某欠华盛公司的钱,应通过民事诉讼程序解决,但不影响判决饶某无罪的定论。因此,恳请法院宣判饶某无罪!

◎判决结果

法院认为,饶某与华盛公司针对 SD10 标段签订了内部承包合同。内部承包合同反映的是饶某与华盛公司的平等主体之间的权利义务关系,是平等的民事合同关系。饶某是以工程承包人的身份而非以华盛公司内部人员的身份行使合同权利义务,不符合职务侵占罪主体要件。

根据合同约定,饶某上缴给华盛公司的费用,与甲供材料无关。饶某多占甲供材料,根据三份承包合同,层层要求下一级承包人负责退还相应材料款,最终由饶某自己承担。因此,饶某占有相关甲供材料款的行为应依据合同处理,指控侵犯华盛公司财产权利依据不足。因此,指控饶某职务侵占罪不能成立。

李某某集资诈骗案

◎起诉指控

李某某,广州市绿丹兰保健美容用品有限公司东山第二分公司负责人。绿丹兰保健美容用品有限公司成立于1996年2月5日。2003年1月,李某某在东兴大厦成立绿丹兰保健美容用品有限公司第二分公司并担任负责人。

2002年8月至2003年期间,李某某与李某辉、林某、黄某青、古某梅等人以投资绿丹兰系列化妆品及美容连锁机构可获取高额回报为诱饵,变相向社会公众非法募集资金,共诱骗得蒋某某等45名被害人与绿丹兰保健美容用品有限公司签订合作协议或购买产品协议书,并收取45名被害人投资款共计人民币113.3万元,在以宣传费名义返还其中17名被害人共计3.6万元人民币后,绿丹兰保健美容用品有限公司并未兑现相关产品及分红承诺,也未退还投资款,于2003年年底撤离东兴大厦。案发后,同案人李某辉已退清大部分赃款。

绿丹兰保健美容用品有限公司,以非法占有为目的,使用诈骗方法非法集资,数额巨大,被告人李某某作为直接责任人员,其行为触犯《刑法》第一百九十二条、第二百条之规定,构成集资诈骗罪。

◎案件历程

绿丹兰,是由梅州商人李某辉于1991年创立的中国本土化妆品品牌,曾被称为国内化妆品业的第一品牌。全盛时期,绿丹兰在国内建立了69家分公司,六大生产基地,18家合资企业,总资产达36.6亿元。因盲目扩张,1997年开始步入衰退期,逐渐退出化妆品市场。1998年以后,李某辉走上非法集资道路。2009年李某辉因经济诈骗被立案侦查。

本案被告人李某某在2003年期间认识李某辉,因李某辉光辉四射,李某某对其特别崇拜,并与李某辉常有来往。正因如此,被害人误以为李某某系绿丹兰负责人,骗取他们的财产。而绿丹兰公司相关人员也将该责任推卸给李某某。最终,李某某成为绿丹兰集资案的替罪羊羔。但诬告陷害的案件总会有漏洞之处,不合常理之处。本律师详细阅读,全面分析,为被告人李某某确定无罪辩护方案,并取得"成功"结果,将集资诈骗罪改判为非法吸收公众存款罪,上午宣判,下午放人。

◎一审辩护词

辩 护 词

尊敬的审判长、人民陪审员:

广东南方福瑞德律师事务所接受李某某的委托,指派律师杜均品为其辩护人。辩护意见如下:

本辩护人认为公诉机关指控李某某构成集资诈骗罪事实不清,证据不足。本案证据尚不足以证明广州市绿丹兰保健美容用品有限公司具有非法占有目的,没有任何证据证明李某某与广州市绿丹兰保健美容用品有限公司直接负责的主管人员、直接责任人共谋或者明知绿丹兰公司实施集资诈骗而帮助涉案单位人员实施集资诈骗他人财物行为的主观故意;李某某没有实施"以投资绿丹兰产品及美容机构为诱饵,骗取被害人与绿丹兰公司签订合作协议书或购买产品协议书,获取他人款项"的行为;且其不属于广州市绿丹兰保健美容用品有限公司的工作人员,不属于单位犯罪的直接责任人员;因此,李某某不构成集资诈骗罪。

一、本案证据不足以证明广州市绿丹兰保健美容用品有限公司具有非法占有目的，没有任何证据证明李某某与涉案单位直接负责的主管人员、直接责任人共谋或者明知绿丹兰公司实施集资诈骗而帮助涉案单位人员实施集资诈骗他人财物行为的主观故意，也没有任何证据证明李某某具有非法占有他人财物之目的。

1. 本案证据尚不足以证明广州市绿丹兰保健美容用品有限公司具有非法占有目的。

《刑法》第一百九十二条明文规定，集资诈骗罪必须"以非法占有为目的"。

《全国法院审理金融犯罪案件工作座谈会纪要》规定"根据司法实践，对于行为人通过诈骗的方法非法获取资金，造成数额较大资金不能归还，并具有下列情形之一的，可以认定为具有非法占有的目的：一是明知没有归还能力而大量骗取资金的；二是非法获取资金后逃跑的；三是肆意挥霍骗取资金的；四是使用骗取资金进行违法犯罪活动的；五是抽逃、转移资金、隐匿财产，以逃避返还资金的；六是隐匿、销毁账目，或者搞假破产、假倒闭，以逃避返还资金的；七是其他非法占有资金、拒不返还的行为"。

纵观在案证据，没有证据证明涉案单位无还款能力而集资，也没有证据证明涉案单位获取资金后逃跑，或者挥霍集资款。总之，没有任何证据证明涉案单位具有上述可推定其具有非法占有目的之行为。

起诉书指控绿丹兰公司"绿丹兰保健美容用公司并未兑现相关产品及分红承诺，也未退还投资款，于2003年底撤离东兴大厦"等行为，也不属于《全国法院审理金融犯罪案件工作座谈会纪要》规定的可推定其具有非法占有目的的行为。

至于公诉人以绿丹兰集团公司没有实际经营、李某辉供述其资金短缺未能归还投资款及利息等客观事实,推定绿丹兰公司主观上具有非法占有目的,显属客观归罪。广州市绿丹兰保健美容用品有限公司注册资金1 000万,虽然2005年因没有年检被吊销,但在案发期间仍在经营,况且本案涉及的数额才100多万,并非远远超过公司资产,显然具有还款能力。本案未能按协议归还,正如李某辉所言,只是暂时性的资金短缺,并非没有还款能力。因此,本案不能单纯以财产不能归还就推定其具有非法占有目的。

综上,本案证据不能证明广州市绿丹兰保健美容用品有限公司具有"非法占有目的"。

2. 本案没有任何证据证明李某某与涉案单位人员共谋或者明知涉案单位集资诈骗而帮助涉案单位人员实施"集资诈骗他人财物"的主观故意,也没有证据证明其具有非法占有他人财物的主观目的。

无论是在侦查阶段,还是今天的庭审,李某某都稳定供述其没有与涉案单位直接负责的主管人员、其他直接责任人共谋"骗取"他人投资款,或者明知涉案单位集资诈骗而帮助涉案单位人员实施"集资诈骗他人财物"的主观故意,也没有非法占有他人财物的主观目的。在案也没有任何证据证明李某某受到涉案单位哪一位直接负责的主管人员的授意、指挥,或者与哪一位直接责任人员存在共谋,"骗取"他人投资款的共同故意。

除此,客观上,李某某从未收取他人投资款,也未从投资款中获取分文款项,在与绿丹兰公司合作过程中也未获取任何利益。这些事实充分说明了李某某没有与涉案单位人员集资的共同故意,也证实了其没有非法占有他人财物的主观目的。

综上所述,本案证据尚不足以证实涉案单位具有"非法占有目的",也没有证据证明李某某明知涉案单位具有"非法占有目的",并与涉案单位直接主管人员、直接责任人实施"集资诈骗"的共同故意,更没有证据证明李某某具有非法占有他人财物的目的。

二、李某某客观上没有参与实施"集资诈骗"的犯罪行为。

本案指向李某某实施集资诈骗行为的证据可以分为两类,一类是蒋某某等多名被害人的陈述;另一类是李某辉的供述、辩解。但本案被害人陈述和李某辉的辩解缺乏客观性和可信性,不能证明李某某实施集资诈骗的犯罪行为。

1. 本案被害人陈述已被污染,不具有真实性或合法性,且得不到其他证据印证补强,反而与在案的其他证据相互矛盾。

(1) 被害人的陈述已经被"两次污染",缺乏客观性和可信性。

根据本案事实、证据,可以将本案发展过程分为以下几个阶段:

被害人投资—发现被骗—要求绿丹兰退款、填写退款申请回执—报案(询问笔录)—李某辉被抓,主动退款—本案补充侦查(询问笔录)。

纵观全案证据,可以清晰发现被害人的陈述从最初不指控李某某逐渐演变成指控李某某。这一演变过程,在案事实、证据证实是因为本案各被害人两次受到误导,以至于认为是李某某以广州市绿丹兰美容保健产品有限公司的名义销售绿丹兰产品,骗取款项后逃跑。

第一次是被害人要求绿丹兰公司退还款项、填写退款申请回执过程中,被侯某某等人误导。

各被害人发现被骗后,到绿丹兰大厦要求绿丹兰集团公司退款时,绿丹兰集团公司李某辉等人将责任推卸给李某某,并由侯某某出面向各被害人解说是因为分公司倒李某某闭卷款逃跑。侯某某等人的解说使被害人误以为李某某是集资诈骗的幕后主谋。与李某某接触过的被害人,很容易将李某某对绿丹兰公司的一般介绍,误认为是游说其购买绿丹兰产品的宣传行为。在案的以下事实、证据可以证实:

① 蒋某某的陈述:"(侯某某说)我们(绿丹兰集团公司)集资的钱被负责集资的分公司拿走了,我们说,钱是你们集团公司会计古某梅收走的,他(侯某某)才没话说"。(附件1)

② 文某某在《经济犯罪报案登记表》的陈述:"李某某是东兴大厦绿丹兰分公司负责拉客户集资的,连侯某某也不否认他是为绿丹兰集资,林某也承认的"。(附件2)

③《购销协议双方的条约处理方案》:"一、立场原则:1. 所签的这份购销合约是绿丹兰美容公司与恒柏公司与消费者的购销关系的合约,而不是投资或合作合约;2. 经销商广州恒柏公司赚取高额利润即合同额的45%而停业失踪;3. 处理该协议的纠纷,应找回恒柏公司,因为恒柏公司才是责任的承担者,而绿丹兰公司只是协作者,只承担合同条款规定内的责任"。(辩护人在审查起诉阶段阅卷时发现该份材料,但庭审时公诉人没有出示。)

第二次是李某辉及其代理人找各被害人退款时,误导被害人。

邓某兴作为李某辉的代理人,在与各被害人和解退款过程中难免会向被害人解说本案的前因后果。而邓某兴的唯一解说,就是写给广州市公安局天河分局《关于李某辉涉嫌合同诈骗案清退款物的说明》中提出的观点:"广州市绿丹兰保健美容用品有限公司,法定代表人为张某斌于2002年7月至2003年10月间与广州恒柏贸易公司合作经销绿丹兰保健美容用品,广州恒柏贸易公司以广州市绿丹兰保健美容用品有限公司的名义与蒋某某等客户签约,广州恒柏贸易公司收取客户资金后关门倒闭"。(附件3)

各被害人在邓某兴律师的解说之下,自然相信是与恒柏贸易公司李某某签约,是李某某关门倒闭、卷款潜逃。蒋某某、文某某等人前后矛盾的陈述可以证实。

如果说前一次误导,因侯某某是绿丹兰公司人员,让部分被害人将信将疑,那么后一次被具有法律专业知识的律师再次误导,被害人都将深信李某某就是罪魁祸首。这就是本案被害人转为指控李某某的根本原因和表现。

从证据不能被污染的证明要求和从证据本身的客观性要求来看,本案各被害人的陈述缺乏客观性和可采性。

(2) 被害人的陈述不具有合法性,或者前后自相矛盾,或者属于意见证据,不具有真实性。

① 吴某某、郭某某、余某某等人的陈述、辨认笔录不具有合法性,不得作为证据使用。

根据吴某某、郭某某的辨认笔录,可以确定吴某某、郭某某互为对方的辨认人和见证人。违反了《公安机关办理刑事案件程序规定》第二百五十条"几名辨认人对同一辨认对象进行辨认时,应当由辨认人个别进行"的规定。同时,根据两人的询问笔录时间,以及关于"与我签订购买该公司产品协议的是李某某,还带我们去梅州生产基地"等完全相同的内容,不排除对两被害人进行同时询问,违反《刑事诉讼法》第一百二十二条"询问证人应当个别进行"规定的可能性。因此,吴某某、郭某某的陈述及辨认笔录不具有合法性,不能作为证据使用。(附件4)

承载余某某陈述的《经济犯罪报案登记表》(附件5)形式上不具有合法性。《经济犯罪报案登记表》最后一段关于"李某某是绿丹兰分公司总经理负责客户参入集资"等文字,与前面的文字相比,笔迹、字体、墨水颜色明显不同,极有可能是后面添加的,并非余某某所述内容。因此,余某某的《经济犯罪报案登记表》不具有合法性。

② 蒋某某、陈某芳、李某仪、文某某、张某英等人的陈述前后矛盾,不具有真实性。

蒋某某等人的陈述有前后矛盾的共同特征,即在最初(2004年)的《经济犯罪报案登记表》、询问笔录(附件6)中都详细描述了游说他们购买产品的业务员,鼓吹绿丹兰产品好、回报高的人,以及签订购买协议和收款的人是谁,而这些都与李某某无关。而之后,特别是2010年的询问笔录中,却说李某某参与游说他们购买绿丹兰产品。(附件7)

比较前后陈述,可以发现最早的陈述详细、具体,而相隔几年之后的陈述,内容空泛无法具体。根据被害人记忆和作证的规律,离案发时间越近、内容越详细的陈述,更具有真实性。因此,蒋某某等人之后指控李某某的陈述,不具有真实性。

③ 易某某、徐某某、傅某某、陈某兰等人的陈述内容空泛不具体,且多为意见,不具备证据能力。

易某某等人陈述的内容:"李某某游说绿丹兰前程远大、值得投资、高额回报;李某某负责拉拢客户参入集资",高度抽象、概括。

证据规则要求被害人陈述必须是亲身感知的事实,不得猜测、推断或评论。上述被害人指控李某某的陈述,都是推测性结论,并没有关于如何游说、如何负责拉拢客户参入集资的具体的、详细的事实情节。因此,上述被害人关于指控李某某的陈述,不具有证据能力,不得作为证据使用。

(3) 被害人的陈述与在案的其他证据相互矛盾。

被害人的陈述与李某某的供述相互矛盾。李某某一直稳定供述,其没有参与绿丹兰保健美容用品有限公司的产品销售活动,从来没有与需要购买绿丹兰保健有限公司产品的事主签订过协议书。

被害人的陈述与《购买产品协议书》等书证相互矛盾。吴某某、郭某某、张某英等人陈述是与李某某签订《购买产品协议书》,但是该协议书上签名盖章的是广州市绿丹兰保健美容用品有限公司的公章和张某斌的私章,与李某某没有任何关系。

(4) 被害人指控李某某集资诈骗的陈述,没有任何证据印证补强。

被害人的陈述作为言词证据,其本身虚假的可能性较大,特别是本案被害人的陈述已经被"两次污染",缺乏客观性和可信性,必须有其他证据印证补强,支持其证明力。

但是本案没有任何证据能够与被害人的陈述相互印证补强。

各被害人之间的陈述,因针对的是不同的行为,也不能相互印证。

本案虽然有多名被害人指控李某某,但指控的内容分别是具有独立性的行为,就每一个行为而言,只有一个证据,即该被害人的陈述。尽管证据的内容一致,即都指控李某某,或者是游说其购买,或者是与其签订协议书,但是,他们的陈述反映的是独立的行为,因此,彼此之间不存在必然联系,从而不存在相互确认证明力的关系。

综上,本案被害人陈述已被污染,不具有真实性或合法性,且得不到其他证据印证补强,反而与在案的其他证据相互矛盾,据此,不能认定李某某实施集资诈骗行为。

2. 李某辉的供述及辩解不具有真实性。

(1) 李某辉与本案存在利害关系,其供述和辩解不具有真实性。

本案实施集资后关门倒闭行为的单位是广州市绿丹兰保健美容用品有限公司。而该公司属于绿丹兰集团下属公司是李某辉一手操控的个人资产。根据在案的事实、证据完全可以证实是李某辉一手操控广州市绿丹兰保健美容用品有限公司实施集资后撤离办公地点,其应对此承担责任。李某辉辩解是恒柏公司李某某以广州市绿丹兰保健美容用品有限公司名义销售绿丹兰产品后卷款潜逃,完全是为了逃避自己的刑事责任,纯属趋利避害的诬蔑!

(2) 李某辉的供述与在案的其他证据相互矛盾。

① 李某辉说绿丹兰产品销售承包给岑某某。但周某某、张某斌证实,绿丹兰产品销售由总经理林青和销售总监赵连国负责。(附件8)且被害人并没有指控是岑某某负责与其签订合同或收取款项。

② 李某辉说恒柏公司与广州市绿丹兰保健美容用品有限公司合作，以广州市绿丹兰保健美容用品有限公司名义销售绿丹兰产品。但李某某说其从未与广州市绿丹兰保健美容用品有限公司合作销售绿丹兰产品。在案证据也证实都是广州市绿丹兰保健美容用品有限公司自行销售绿丹兰产品。

由此可见，李某辉的供述及辩解不具有真实性。

综上所述，本案被"深度污染"的被害人陈述、利害关系人李某辉的辩解，这一互不印证的两个"孤证"，不足以证明李某某实施了集资诈骗的行为。

三、李某某不是广州市绿丹兰保健美容用品有限公司的工作人员，不属于单位犯罪的直接责任人员。

根据单位犯罪的一般原理，构成单位犯罪其他直接责任人员须具备以下条件：第一，单位犯罪的其他直接责任人员必须是单位内部人员；第二，单位犯罪的其他直接责任人员必须是亲自实施了单位犯罪行为的人员；第三，单位犯罪的其他直接责任人员必须对所实施的单位犯罪是明知的；第四，单位犯罪的其他直接责任人员必须是在单位犯罪过程中起重要作用的人员。

根据上述原理，结合以下事实及证据，李某某不属于广州市绿丹兰保健美容用品有限公司"集资诈骗犯罪"的直接责任人员。

1. 李某某不属于广州市绿丹兰保健美容用品有限公司的工作人员。 起诉书指控的犯罪单位为广州市绿丹兰保健美容用品有限公司。本案与蒋某某等人签订《购买产品协议书》的单位是广州市绿丹兰保健美容用品有限公司。李某辉、林青、古某梅、陈某芳等人也是以该公司名义对外宣传、签订协议、收取款项的。因此，本案的犯罪单位是广州市绿丹兰保健美容用品有限公司。

而李某某只是广州市绿丹兰保健美容用品有限公司东山第二分公司的负责人,因广州市绿丹兰保健美容用品有限公司东山第二分公司与广州市绿丹兰保健美容用品有限公司是两个相互独立的单位主体,且其从未与本案受害人签订协议,收取款项。因此,李某某不属于广州市绿丹兰保健美容用品有限公司的工作人员。

2. 李某某没有实施以投资绿丹兰产品及美容机构为诱饵,骗取被害人与绿丹兰公司签订合作协议书或购买产品协议书,获取他人款项的行为。

3. 李某某并不知道广州市绿丹兰保健美容用品有限公司实施"集资诈骗"的行为。

尊敬的审判长、人民陪审员,指控广州市绿丹兰保健美容有限公司构成集资诈骗罪,李某某是直接责任人员,必须查实李某某受广州市绿丹兰保健美容有限公司哪一位直接负责的主管人员的授意、指挥?与哪一位直接责任人共谋实施集资行为?本案无法回答这一根本问题。如果广州市绿丹兰保健美容有限公司构成单位犯罪,为什么直接负责的主管人员如李某辉一直没有被起诉,现在仍逍遥法外(取保候审早已过期)。而李某某仅仅作为李某辉的崇拜者、受害者,却要被历经九个月漫长的、反复的侦查与审查起诉。今天还要被这些所谓的子虚乌有的证据予以指控。本案的公平何在?正义何在?国家的良心何在?因此,恳请法庭依法宣判李某某无罪!

此致
越秀区人民法院

广东南方福瑞德律师事务所

年　　月　　日

◎判决结果

法院认为,广州市绿丹兰保健美容用品有限公司违反国家的金融管理制度,采用投资该企业可按期归还本金、并可获取高额回报的手段,向社会不特定对象募集资金,吸取公众存款,被告人李某某作为直接责任人员,其行为已构成非法吸收公众存款罪。公诉机关指控的事实清楚,证据充分,本院予以支持;唯现有证据无法证实绿丹兰公司及其相关人员有非法占有投资款项之事实,故公诉机关指控构成集资诈骗罪的定性不当,本院予以纠正。被告人李某某在非法吸收公众存款过程中,实施了游说被害人投资该公司的犯罪行为,为参与公司决策、处置投资款项等主要活动,仅起次要作用,故认定其为从犯,依法应当从轻处罚。

李某某受贿案

◎起诉指控

李某某于 2008 年 4 月 25 日担任建设工程招标管理办公室副主任，负责审核办理新型墙体材料专项基金的退款工作。2010 年间，李某某在负责审核办理十家厂房的新型墙体材料专项基金退款过程中，在行贿人王某勇许诺给予好处的情况下，应行贿人要求，利用自己职务上的便利，帮助其在建材厂虚开申请新型墙体材料专项基金退款所需的购砖发票，并违反规定为不符合退款条件的厂房办理新型墙体材料专项基金退款共计 2 922 800 元。后被告人李某某于 2011 年 1 月 10 日利用一名叫尹某某的工行账户收受王某勇460 000 元。后被告人李某某向增城市检察院投案自首。检察院指控其行为构成受贿罪，并建议在八年至十年之间判处有期徒刑。

一审判决：一审辩护律师作无罪辩护，李某某翻供，不承认收到 46 万元。一审法院判决其构成受贿罪，不构成自首，判决十年三个月有期徒刑。

◎案件历程

李某某受贿案的一审辩护，是一个典型的失败辩护。简单讲，失败有二：一是没有把握受贿罪权钱交易的本质特征，被外在的交易形式所迷惑，误以为必须是国家工作人员亲手收到钱，才算是权钱交易；二是没有看清现阶段刑事庭审将定罪、量刑混合审理的特征，以至于作无罪辩护丢失自首情节，而导致重判。

本律师接受李某某家属的委托,担任其二审辩护律师。研究完材料后,认为本案二审要想改判,必须将自首情节重新固定下来。鉴于一审庭审没有对李某某如何归案进行审查,作为辩护律师有必要事先辅导当事人如实陈述主动归案的经过,以备法官去看守所调查。二审阶段,确如所料,经办法官去看守所专门就归案问题进行讯问。最终,二审法官认定自首情节,改判李某某有期徒刑六年。

本案检察院量刑建议八年至十年,经一审辩护律师辩护,法院重判为十年三个月,再经二审辩护律师辩护,改判六年。不同的辩护律师,获得不同的结果,其中因素很多。但让我明白,作为一个辩护律师,就如同一个医生,学艺一定要精,否则就会草菅人命!

◎二审辩护词

辩 护 词

尊敬的审判长、审判员:

广东南方福瑞德律师事务所接受被告人李某某不服增城市人民法院受贿案一审判决的二审委托,指派杜均品律师为其二审辩护人。现发表辩护意见如下:

辩护人认为一审判决李某某构成受贿罪判处有期徒刑十年三个月,量刑畸重。李某某在单位领导根据检察院口头传唤的指示让其回单位接受调查的情形下,主动归案,到案后如实供述与他人权钱交易的基本犯罪事实,属于自首;李某某收取他人款项虽与其墙革办职权有关,构成受贿罪,但他人支付款项最根本的对价,是李某某帮助他人取得新型材料发票的非职权因素,非职权因素介入时量刑应予从宽考虑;李某某与他人权钱交易的共谋虽发生在其任职期间,但他人通过审批及退回基金时,李某某已经调离岗位不具备职权,与普通受贿罪相比,社会危害性相对较小;李某某一审过程对自己行为性质的辩解,不影响其自归案以来如实供述基本犯罪事实及真诚认罪、悔罪的情节。综合上述法定减轻因素和酌定从轻因素,恳请法庭对其减轻处罚。

一、单位领导根据检察院口头传唤李某某的指示,让李某某回单位接受检察院调查,李某某接到通知后主动到单位接受检察院调查,到案后如实供述与他人权钱交易的基本犯罪事实,属于自首。

根据李某某的供述,2011年3月22日上午,建设局单位领导受检察院工作人员口头指示,让其从招标办到建设局会议室接受检察院的调查,李某某接到通知后主动到建设局会议室,之后跟随检察院工作人员到检察院接受调查。李某某到达检察院后,如实供述了其与王某勇权钱交易的基本事实(但没制作调查笔录)。增城市检察院于2011年3月23日才对李某某立案侦查,并于同日刑事拘留进行第一次讯问。

单位领导根据检察院指示,让李某某回单位接受检察院调查,李某某接到通知后,主动到单位接受检察院调查,本质属于"口头传唤"。

根据《刑事诉讼法》规定,传唤仅能以书面形式进行,口头传唤不属于法律意义上的传唤,更不是讯问和强制措施。毋庸置疑,凡经口头传唤即自动到案的,均应认定为自动投案。(附件1)

对于李某某经"口头传唤"就主动到案的情形,依法应当认定为自动投案。对此,检察院的《归案经过》、《自首情况说明》虽没有详细列明口头传唤自动归案的过程,但已经认定了李某某属于自动投案,构成自首。起诉书也认定了李某某投案自首。

至此,一审法院理应认定李某某具有自首情节,并作出相应量刑。

然而,一审法院在审理查明事实时,认定李某某被检察院传唤归案,但在本院认为论述理由时,却说李某某不具有自动投案的行为,不能认定为自首。对此,显然一审判决适用法律错误。

一审判决既然根据检察院提供的证据,认定李某某属于经传唤到案,就应当依法认定李某某属于"自动投案",结合其如实供述基本犯罪的情节,应认定其自首。

如果一审法院作出与检察院不同的认定,认为李某某不具有自动投案的行为,一审法院依法应当对李某某如何归案的事实进行调查。但一审庭审过程中,除质证阶段检察院出示《归案经过》《自首情况说明》,证实李某某属于"自动投案"外,一审法院没有就涉及李某某如何归案的事实进行其他法庭调查。一审法院在没有任何新的事实情况下否定李某某"自动投案",纯属恣意裁决。

综上,一审法院否定李某某自动投案不构成自首,既没有任何事实基础,也没有任何法律依据。因此,恳请二审法院认定李某某自首,并在量刑时予以充分体现。

二、李某某收取他人款项虽与其墙革办职权有关构成受贿罪,但他人支付款项最根本的对价,是李某某帮助他人取得新型材料发票的非职权因素,非职权因素介入时量刑应予从宽考虑。

根据在案的事实证据,特别是王某勇、江某泽的证言,充分证实了王某勇给李某某款项的原因有两方面:一是李某某帮助王某勇向其他企业开具了用于退款的购砖发票;二是李某某利用墙革办副主任的职权为王某勇退款提供方便。

根据在案的事实证据证实,王某勇知道李某某的职权对其退回专项基金没有实质影响,之所以支付款项给李某某最根本的对价,是因为李某某可以利用其社会关系帮助其开具用于退回专项基金的购砖发票。

1. 王某勇知道李某某的职权对其退回专项基金没有实质影响,支付款项给李某某与其职权的对价关系较小。

根据黄某某的证言、增城市建设局答复新塘镇政府的《关于新塘环保工业园 20 家企业办理建筑施工许可证的复函》(附件 2)等相关文件,涉案十家企业属于环保企业,享受优惠政策,增城市建设局同意为其补办建设许可手续,并免除缴交散装水泥新型墙体材料基金(以下简称专项基金)。之后,增城市建设局局长改为先缴后退的方式解决专项基金问题。换言之,无论采取免缴方式,还是先缴后退的方式,十家企业本质上都不需要缴交专项基金。对此信息,王某勇已经从主管副局长黄某某处了解。也就是说,李某某仅作为墙革办副主任的职权对王某勇能否退回款项,没有实质性作用。王某勇在此情况下,支付款项给李某某与职权的对价关系,显然较小。

2. 王某勇支付款项给李某某最根本的对价,是因为李某某可以利用其社会关系帮助王某勇开具用于退回专项基金的购砖发票这一"非职权因素"。

在案的事实、证据已经证实,涉案十家企业于 2005 年建成并投入使用,增城市建设局研究决定免缴专项基金,后来改为先缴后退。本质上就是无需缴交专项基金。但为了完善手续,必须要有购买新型材料的发票。发票成为王某勇能否顺利退回专项基金的关键因素,这也正是王某勇困难之处。李某某可以利用其社会关系帮助其开具用于退回专项基金的购砖发票以解决王某勇的困难。正因如此,王某勇才愿意支付款项给李某某。

根据刑法关于"职务之便"职权范围的界定,结合李某某墙革办副主任职权的特征,李某某让石某某、张某凡等人,给王某勇开具用于退还专项基金的购砖发票,与其职权没有任何关系。其仅仅是因为工作过程中认识石某某、张某凡等人,利用个人社会关系,让其提供帮助,属于"工作便利"。

根据以上论述,王某勇支付款项的最根本的对价是"非职权因素",次要对价才是"职权"。对于收受他人财物,为他人谋取利益,部分利用职权,部分利用非职权因素,与完全利用职权谋利的受贿相比,量刑应当有所区分。《刑事审判参考》总第 51 辑方俊受贿案中认为:"只有职权谋利小，而收受财物同时掺杂了较大量的提供个人技术服务等非职权因素的情况下，才可能成为量刑的情节"，这表明了非职权因素可以成为量刑的情节。（附件3）《人民法院案例选》（2004年刑事专辑）吴洪昭受贿案更是明确的佐证非职权因素是重要的量刑情节：收受的财物不根据职权因素与非职权因素的原因力大小区分受贿数额是多少，都认定为受贿数额，但在量刑时应当考虑非职权因素，吴洪照受贿12.3万元，依刑法规定应是10年以上有期徒刑，但经最高人民法院核准，在法定刑以下量刑，公正的判处5年有期徒刑。（附件4）

就本案而言，虽然可以认定李某某构成受贿罪，但在量刑时，应当充分考虑王某勇支付款项的最根本对价是"非职权因素"，而非"职权因素"，并予以从宽处罚。

三、李某某与他人权钱交易的共谋虽发生在其任职期间，但他人取得利益及支付款项时，李某某已经调离岗位不具备职权，与普通受贿罪相比，社会危害性相对较小。

根据在案的书证及言词证据，可以查实本案事实历程如下：

2010年8月份，涉案十家企业相继缴纳专项基金。例如广州市骏亨纺织洗染有限公司于2010年8月16日缴纳专项基金。

2010年8月份以后，王某勇因退还基金手续不全，找到李某某，让其帮助找人开具用于退款的购砖发票。

2010年10月中旬，李某某调离墙革办，由曾某接手涉案十家企业基金退还事项。

2010年10月20日至2010年11月22日期间，涉案十家企业相继取得用于退款的购砖发票。广州市骏亨纺织洗染有限公司于2010年11月10日取得用于退款的购砖发票。

2010年11月30日，涉案十家企业相继提交基金返还申请表，2010年12月6日，经曾某查核，副局长黄某某、局长审批通过。

2011 年 1 月份,涉案十家企业取得退还的基金款项。

根据上述时间表,可以得出结论:增城市墙革办对涉案十家企业申请退还基金,增城建设局查核、审批期间,李某某已经调离墙革办,无论从法律意义上还是事实意义上,李某某均没有职权。至于在案事实、证据所证实的李某某答应帮助王某勇,并为其退还基金作了前期工作,以及李某某离职后指导曾某办理退还基金事项,确实客观存在,也正因如此,李某某构成受贿罪。但无法否定,涉案十家企业退还基金的查核、审批等关键环节,李某某客观上确实没有职权,与普通受贿罪相比,对职务廉洁性等客体的侵犯相对较弱,社会危害性也相对较小。因此,恳请二审法院在量刑时能够考虑到该因素并对其从轻处罚。

四、李某某一审过程中对部分细节的辩解,不影响其自归案以来如实供述犯罪事实以及真诚认罪、悔罪情节的认定。

对比李某某在侦查阶段的供述与一审庭审的供述,李某某对以下事实存在辩解:

1. 王某勇、江某泽转账至尹某某的 46 万元,李某某有没有收到。李某某在侦查阶段供述收到了 46 万元,而庭审过程中李某某辩解说 46 万元其弟弟李某山从尹某某卡号取出后没有交给他。

2. 李某某帮助王某勇到几个厂开具用于退还基金的购砖发票。李某某在侦查阶段供述到用于退款的购砖发票应该都是其帮助王某勇开具的,而庭审过程中李某某辩解只到广兴新型建材厂、平隆建筑材料厂两家开具发票,没有到其他单位为王某勇开具发票。

对于上述李某某庭审过程中的两点辩解,首先,不影响其与王某勇等人权钱交易的基本犯罪事实的如实供述,正如一审判决所说"无论李某山有无将 46 万元转交给李某某,均不影响李某某受贿 46 万元的成立"。其次,在案证据无法证实李某某是否从李某山手上收取到 46 万元。对此,李某某的辩解在案事实、证据无法排除其真实性,且其辩解合情合理,不属于翻供。最后,李某某辩解到两家企业开具发票,还是三家,属于理解不同,李某某亲自到两家企业为王某勇开具发票,帮王某勇联系让其自己去开具发票。这些不影响本案事实的认定。

综上,李某某在一审庭审的辩解,既不影响其如实供述基本犯罪事实,不影响其自首情节的认定,且不影响其真诚的认罪悔罪! 因此,恳请二审法院考虑其真诚的认罪悔罪态度,量刑时予以充分体现。

五、本案需要说明的其他问题

关于涉案十家企业在补办施工许可证过程中,要求参照 2010 年当时办理建筑施工许可证的方法,其中必须符合缴纳新型墙体材料基金的程序。事实上,涉案十家企业于 2005 年间就已经建成并投入使用,根据广州市建设委员会、广州市财政局联合发布的穗建技(2009)704 号《广州市新型墙体材料专项基金征收和使用管理的实施意见》(附件 5)第一条,本市区自 2007 年 10 月 1 日开始要求缴纳专项基金,以及增城市建设局、增城市财政局联合发布的《转发〈广州市新型墙体材料专项基金征收和使用管理的实施意见〉的通知》(附件 6)第一条,自 2008 年 1 月 1 日开始要求缴纳专项基金,涉案十家企业在补办建筑施工许可证过程中,根本不需要缴纳专项基金。

正因如此,增城市建设局开始决定免缴,后来建设局局长擅自改为先缴后退。退的过程中,为了符合退还基金的程序,才出现了本案开具假发票,出现查核、审批等本不应存在的权力和程序。对于本案这种错误权力行使过程中的廉洁问题,应当与正当权力行使区别对待,其社会危害性、主观恶性等均较小,量刑时应予考量。

尊敬的审判长、审判员,关于李某某定罪问题,在现有司法环境以及致力于反腐口号的情况之下,可以构成;但在量刑时,我们必须正视李某某自动投案如实供述基本犯罪事实的自首情节,王某勇支付款项最根本的对价是"非职权因素","职权因素"仅起次要作用,与一般权钱交易的受贿罪存在本质区别,以及其离职后确实没有职权为王某勇谋取利益。除此,李某某自归案以来真诚认罪、悔罪的态度,也值得着重考虑。据此,恳请法庭综合考虑上述法定减轻情节和多个酌定因素,对其减轻处罚,以真正体现罪责刑相适应!

　　此致
广州市中级人民法院

广东南方福瑞德律师事务所

律师:

年　　月　　日

陈某某单位行贿案

◎起诉指控

2003 年到 2004 年间,佛山市南海区大谷土木工程有限公司在承建桃园西路第三、第四标段过程中存在虚报结算数量、部分结算资料不真实等问题。为了使工程施工、验收、结算尽快完成,陈某某单独或指使明某文、黄某权多次从公司支取现金,送给负责桃园西路工程的业主单位代表李某生、陈某恩以及工程科预结算员万某强、陈某鸿、吴某强、周某忠等人红包、加班费,合计 11.2 万元。(1. 吴某强 9 000 元;2. 陈某鸿 13 000 元;3. 李某生 23 000 元;4. 陈某恩 28 000 元;5. 万某强 21 000 元;6. 周某忠 18 000 元。)

李某生等人在收受贿赂后,未能切实履行好自身职责,最终致使桃园西路工程按照不客观真实的资料进行结算,导致南海区市政管理局多支付工程款,造成国家损失 1 945 093.6 元,案发后大谷公司退回多收取的款项。

为了使工程结算尽快完成,陈某某在 2005 年春节,以及 6、7 月间送给南海区市政管理局结算科预结算员徐某 12 000 元。

◎案件历程

本案是一起关于给公职人员送钱但没有谋取非法利益的情形,是否构成行贿罪的典型案件。关于我国行贿罪的犯罪客体,是不是全面包括公职人员职务行为的不可收买性(廉洁性)和职务行为的正当性(合法行使性、纯洁性)。换言之,是不是只要给公职人员送钱,就构成行贿罪,还是除了送钱之外,还必须谋取非法利益。对此,本律师全面查询了行贿罪资料,从立法本意到实践案例都进行了详细论述、分析(具体详见辩护词)。也正因如此,本案最终虽定罪,但免予刑事处罚。

检、法两家,特别是检察院在侦办本案过程中是极其不负责的。对工程量,由财政局自行委托鉴定,鉴定完全不顾合同,不顾事实,认定陈某某所在单位多结算了款项,谋取非法利益,并追缴了该款项。最终法院未能判决无罪,有一部分原因,是涉及款项的退还问题。

◎单位犯罪辩护词

辩 护 词

尊敬的审判长、审判员:

广东南方福瑞德律师事务所接受被告大谷土木工程有限公司的委托,指派本律师担任其辩护人,现发表如下辩护意见:

本辩护人认为起诉指控大谷公司为谋取不正当利益而行贿,情节严重,构成单位行贿罪,事实不清,证据不足。大谷公司为了"使工程施工、验收、结算尽快完成"而送给他人财物的主观故意,不属于单位行贿罪"为谋取不正当利益"的主观要件;客观上,大谷公司也没有因送给相关人员财物而获取不正当利益,造成国家损失。因此,恳请法庭依法宣判大谷公司无罪。具体理由如下:

一、大谷公司没有"谋取不正当利益"的主观故意,客观上也没有谋取不正当利益。

1. "为谋取不正当利益"的界定标准。

根据刑法规定,行贿罪的基本构造为行贿人为了谋取不正当利益,而给予国家工作人员以财物。"为了谋取不正当利益"是行贿罪犯罪构成必备要件。

根据最高人民法院、最高人民检察院联合发布的《关于办理商业贿赂刑事案件适用法律若干问题的意见》（以下简称《商业贿赂犯罪意见》）第九条规定，"谋取不正当利益，是指行贿人谋取违反法律、法规、规章或者政策规定的利益，或者要求对方违反法律、法规、规章、政策、行业规范的规定提供帮助或者方便条件"。

由此可见，谋取不正当利益以违法性（违规性）判断为基础，第一种不正当利益类型属于违法性（违规性）利益，第二种不正当利益类型属于违法性（违规性）帮助。

2. 本案没有任何证据证实大谷公司存在"谋取不正当利益"的目的或行为。

就本案而言，要认定大谷公司构成单位行贿罪必须证实大谷公司具有"为了谋取违法性利益"的主观目的，或者证实大谷公司向相关人员提出"提供违法性帮助"的要求。

纵观在案证据，本案没有任何证据指向或证实大谷公司具备上述主观目的或客观行为。

根据在案证据陈某某的供述，明某文、黄某权以及收受财物的李某生、陈某鸿、万某强等人的证言，大谷公司送给他人财物，目的是"为了使工程施工、验收、结算尽快完成"。对此目的，起诉书也予以认定。事实上，该目的不具有违法性，大谷公司也不可能据此获取违法利益。

① 大谷公司支付"加班费"，是为了调动相关人员的积极性，配合施工，顺利完成工程。

涉案工程难度大，工期紧，经常需要加班。而作为相关机关的工作人员，本身没有加班费。大谷公司为了让相关工作人员配合施工，顺利完成施工、验收等工作，自己掏腰包给相关人员发"加班费"。大谷公司仅仅是为了调动相关工作人员积极性配合施工，主观上没有为了谋取违法利益。事实上,该行为只会造成大谷公司的损失,也根本不可能获得违法利益。

② 大谷公司过年过节支付"红包",仅仅是因为社会不良风气的客观存在而求得心理安稳。

起诉书所指控的款项,除了"加班费"之外,就是过年过节的过节费。大谷公司之所以支付这些费用,一方面是社会风气所致,这种感情投资确实客观存在,若不如此,社会潜规则必然使得大谷公司寸步难行;另一方面也确实希望相关人员对其予以关照,但该种关照并非为了谋取违法利益,或提供违法帮助或便利条件,而是避免相关人员的刁难或拖延,能够相对顺利完成工作。对此,收受财物的人也是心知肚明。

上述事实,下列证据可以充分证实:

① 周某忠的证言:"由于桃园西路工程经常要赶工加班,我要经常到工地检测质量,大谷公司以'加班费'名义送过几次钱给我……主要是当时要经常到工地加班,确实比较辛苦,自己思想也比较松懈,收了不该收的钱"。(附件1)

② 陈某鸿的证言:"我们主要负责监督工程验收整个过程是否符合规范。过年过节他给的好处费主要是希望我们要求工程整改时多给些宽限期限,不是要求我们违反原则给他们方便。而且当时社会风气也是如此"。(附件2)

③ 万某强的证言:"因为他们结算工程时,要经过我审核这一关,可能是他们多谢我能快些处理这些工程单位的结算审核,才给我红包的。但我没有给他们'放水',按正常的程序和依据去审核"。(附件3)

④ 吴某强的证言:"因我们质监站主要负责工程的质量和施工安全工作,要到工地检查的,陈某某希望我们在工程上关照一下,方便工作"。(附件4)

⑤ 陈某某的庭审供述:"我之所以送给他们钱,一方面社会上都流行这种风气,如果我不这样做,以后工作不好处理,怕被他们为难;另一方

面,我希望他们能够关照一下,配合一下我们的工作,这种关照只是别为难我们,并不是为我们做什么事。因为确实需要经常加班,如果不给点额外的好处,他们就不一定配合我们的工作"。

综上所述,大谷公司送给他人财物,并非为了"谋取不正当利益",因此,不构成单位行贿罪。

二、大谷公司没有给国家造成损失,亦没有多结取 1 945 093. 6 元工程款。

起诉书认为大谷公司送给他人财物,收受财物的人员未能履行好自身职责,最终导致涉案工程按照不客观真实的资料进行结算,造成国家损失 1 945 093.6 元,本身就说明了大谷公司谋取了不正当利益。对于该观点,与客观事实不符,且论证逻辑不当。

1. 涉案工程没有造成任何国家损失。

本案指控造成国家损失唯一"证据"只有《工程结算定案书》,但其不属于诉讼证据,且与客观事实不符,计算石方的单价严重偏低,据此计算造成国家损失 1 945 093.6 元没有任何事实和法律依据。

事实上,大谷公司不但没有多结取工程款,而是少结了工程款,市政局应该再向大谷公司支付工程款。庭审中,大谷公司诉讼代表人强调,涉案工程结算时已经让利一次,复核过程中再让利 180 万,实质上大谷公司所结算的工程款已经远低于应结算的工程款。为更直观地表明少结算的工程款,大谷公司工程师制表对比,若考虑岩石分类及 50% 沟槽控制爆破少算了 7 200 307 元;若仅考虑岩石分类,不算沟槽控制爆破则少算了 6 194 832 元;若既不考虑岩石分类,也不算沟槽控制爆破的情况,则少算了 3 300 077 元。(附件5)

①《工程结算定案书》不符刑事诉讼法所要求的证据形式要件。

广东中量工程投资咨询有限公司出具的《工程结算定案书》,系受南海区财政局委托,对涉案标段项目结算进行复核,并非受司法机关委托而制作的司法鉴定结论。同时,该《工程结算定案书》也并非案件事实发生过程中所产生的书证。《工程结算定案书》仅仅是财政局单方委托中介公司复核的结果。对此结果,大谷公司从未予以认可。

此外,广东中量工程投资咨询有限公司在复核工程结算时,向佛山市建设工程造价管理站进行请示,但该请示问题中的前提性条件存在错误,未能准确反映工程施工的实际情况。因此,佛山市建设工程造价管理站给出的答复,缺乏客观性和公正性,不能作为工程复核的计量和计价的依据。

因此,该《工程结算定案书》在本案中不具有证据形式要件,不具有合法性。本案确定涉案工程量和单价,应当由司法机关委托相关鉴定结构,对此作出公正的鉴定结论作为定案依据。

②《工程结算定案书》路基石方复核单价——按29%覆带式液压岩石破碎机破碎平基石+71%挖掘机挖松散石+挖松散石,与涉案路基劈山而过,约100%完整岩石需要破碎开挖的事实不符。

根据在案证据材料可以证实,涉案第Ⅲ、Ⅳ标段工程需要劈山而过,整个山头均为完整岩石(在施工中三方认可的《工程洽商记录》记载了地质情况,但关于岩石石质现无地质检验资料,该地质可以进行抽样检验)。事实上,路基石方均是耙机开挖。耙机开挖石方的成本单价与覆带式液压岩石破碎机破碎平基石差不多,但比挖掘机挖松散石的成本单价要高得多。

涉案路基劈山而过,整个山头约100%完整岩石,事实上都是耙机开挖。那么,《工程结算定案书》将其中71%按成本单价明显偏低的挖掘机挖松散石+挖掘机挖松散石,显然就与涉案工程的客观事实不符。

客观上来讲,结算单价应该按耙机开挖岩石的方式结算,但因定额中无相对子目,应参照相似成本单价的覆带式液压岩石破碎机破碎平基石的方式结算,结算单价为:100%覆带式液压岩石破碎机破碎平基石+

挖掘机挖松散石。依此单价结算,工程款远比实际结算款项要多,更比《工程结算定案书》的核算金额要多。实际上国家应再支付工程款给大谷公司,而不是给国家造成了损失。

③《工程结算定案书》沟槽石方复核单价——按29%覆带式液压岩石破碎机破碎槽(坑)岩石+71%挖掘机挖沟槽石方(用挖掘机挖松散石×2.355代替)+挖松散石,与涉案沟槽劈山而过,约100%完整岩石需要破碎开挖的事实不符。

沟槽位于路基之下,这是常识性问题。承上,涉案路基是100%完整岩石,沟槽同样也是完整岩石,需要100%机械破碎之后才能开挖。

同理,《工程结算定案书》沟槽石方复核单价其中71%采用单价明显偏低的按挖掘机挖沟槽石方(用挖掘机挖松散石×2.355代替)计算,就没有任何事实根据。同时,挖沟槽石方比挖一般石方成本明显要大,按挖掘机挖松散石×2.355代替也没有任何事实和法律依据。

事实上,沟槽结算单价应为:100%覆带式液压岩石破碎机破碎槽(坑)岩石+挖掘机挖松散石。依此单价结算,工程款远比实际结算款项要多,更比《工程结算定案书》的核算金额要多。事实上,佛山市政局应再支付工程款给大谷公司,而不是给国家造成了损失。

④《工程结算定案书》将沟槽爆破石方全部按低单价的普通爆破计算,与涉案沟槽爆破全部采取控制爆破的事实不符。

根据涉案工程洽商记录,涉案第Ⅲ、Ⅳ标段沟槽部分采取了爆破,且该爆破均为控制爆破。但是,《工程结算定案书》却将第Ⅲ、Ⅳ标段沟槽爆破按普通爆破,不计控制爆破。因控制爆破与普通爆破单价相差甚远,按普通爆破计算工程款明显低于客观事实。

⑤《工程结算定案书》依据签证底宽及坡度计算沟槽石方工程量没有合同依据。

根据合同约定,"本工程采用可调价合同,合同价款调整方法:工程量按实际发生计算……"即按实际签证量计算合同价款。然而,《工程结算定案书》却依据签证底宽及坡度计算沟槽石方工程量,显然与合同约定相违背,没有任何法律依据和事实依据。

综上,《工程结算定案书》形式上不具有刑事诉讼证据所要求的法定要件,实质上复核单价与客观事实明显不符。故不能据此认定涉案工程造成国家损失。

2. 石方工程量计算存在错误,系客观原因所致,与李某生等人收受财物没有任何关系。

① 路基工程量存在漏计的情况属于计算错误所致。因竣工图中的石方断面与原始地形图存在差别的客观原因导致竣工结算时将土方以石方进行结算,多算了 8 000 多石方。而在复核时取消了该8 000 多方石方的计量,但未将相对应的8 000 多土方量计入。在复核中忽略了石方上面存在土方的客观事实,错误的计算工程量是造成少计算8 000 多方的土方工程量的原因。

② 沟槽重复段面工程量计算方式的不同,导致结算工程量存在差异。在结算时采用行业习惯的便宜方式进行计算,即以标准段面来计算重复工程量,具体是取沟槽重叠部分的平均值计算重复的工程量,再从总工程量中统一扣减;而复核时采用以 20 米间隔分别、分段测量后再计算沟槽重复段面的工程量。上述这两种方式均是合法的计算方式,只是根据工程的不同特点而采用不同的方式。在本工程中,由于结算和复核采用计算沟槽重复段面工程量的方式不同,造成结算款项的差异,是客观存在的情况,不能以此推定大谷公司有虚增工程量的故意。

③ 大谷公司与收受财物的相关人员主观上均没有权钱交易的故意。在案陈某某、明某文、黄某权以及李某生等人的言词证据,均没有关于因为大谷公司赠送财物,李某生等人而默认或共谋虚增工程量的证言。两者之间因行为人主观上缺乏认识而不具有因果关系。事实上,李某生等人也没有工程款项的结算权,而是由财政局委托的中介机构与大谷公司

进行结算。

因此，起诉书认为李某生等人收受贿赂后，未能切实履行好自身职责，最终致使工程按照不客观真实的资料进行结算，这种因果关系纯属主观推测，没有任何事实根据。

3. 只要使用行贿手段就是谋取不正当利益的推论，没有任何法理依据，且与行贿罪犯罪构成不符。

客观来说，大谷公司确实向相关人员支付了"加班费"、"过节费"，使用了"不正当手段"。但该不正当手段仅仅侵犯了国家工作人员职务行为的不可收买性，并没有侵犯职务行为的正当行使性，即没有谋取违法利益，也没有要求提供违法帮助。

如果认为只要使用了行贿手段就是谋取不正当利益，使用行贿手段等同于谋取违法性帮助，这种绝对的以行贿手段的非法性来推论谋取利益的不正当性，等于完全否定了行贿犯罪"谋取不正当利益"的构成要件。故公诉人的论证逻辑不能采纳为认定规则。

三、本案收受财物的国家工作人员构成受贿罪却被另作处理，并没有受到刑事追究，而仅仅为了"自保"，送给财物的大谷公司却要被追究刑事责任，显然有违刑法平等原则和均衡原则。

根据行贿受贿罪犯罪构成的特性，国家工作人员利用职权为他人谋取利益，收受他人财物，无论其为他人谋取合法利益，还是违法利益，均构成受贿罪。而给国家工作人员以财物，仅限于为了谋取不正当利益而构成行贿罪。如果没有该违法目的或行为，即使给予财物于国家工作人员也不构成犯罪。由此可见，行贿罪的定罪标准比受贿罪要高。同时，刑法关于受贿罪的刑罚设计明显要比行贿罪重。

然而，本案却恰恰相反。收受财物的国家工作人员却被"另作处理"，不予刑事追究。本来不构成犯罪的大谷公司却要被追究刑事责任。

这显然有违刑法平等原则和均衡原则。如此适用法律，与刑法正义品质背道而驰！

至于公诉人认为"大谷公司是否构成犯罪与受贿人是否被追究刑事责任没有任何关系，不以受贿人是否构成犯罪为其前提"。辩护人认为公诉人的逻辑是"完美"的，但观点错误！这是权力滥用、选择性适用惯性思维的突现！

我国《刑法》条文有哪一条像第三百九十条"行贿人在被追诉前主动交待行贿行为的，可以减轻处罚或免除处罚"，如此明确地写明"受贿人可以被减轻处罚或免除处罚"？没有。

本案大谷公司本来不构成犯罪，即使其构成犯罪也不应被追究刑事责任！

本案有些受贿人没有被追究刑事责任，却怪异地追究具有自首情节的行贿人刑事责任，代表着"国家良心"的检察官，法庭之上竟然置上述法律于不顾，还振振有词地说"行贿人是否构成犯罪，不以受贿人是否构成犯罪被追究刑事责任为前提"！

荒唐！不公！

尊敬的审判长、审判员，今天我们社会腐败的风气日益甚行，需要检察官充分发挥权力予以打击，也寄希望于法官通过判决告诫社会正确的理念和价值观，改变社会腐败和社会对腐败的麻木。相信这种伟大的、神圣的使命感和荣誉感，将促使法庭正确面对本案，查清事实，在现有社会大环境之下，给大谷公司的行为作出正确评价，依法宣判其无罪！

此致

南海区人民法院

广东南方福瑞德律师事务所

律师：

年　　月　　日

辩 护 词

尊敬的审判长、人民陪审员：

广东南方福瑞德律师事务所接受被告人陈某某的委托，指派本律师担任其辩护人，现发表如下辩护意见：

辩护人认为起诉指控陈某某构成单位行贿罪事实不清，证据不足。具体理由如下：

一、在案证据尚不能证实大谷公司送给国家工作人员财物的目的是"为了谋取不正当利益"或者谋取了不正当利益，其行为不具备单位行贿罪"为谋取不正当利益"的构成要件而不构成单位行贿罪。

根据起诉书以及公诉人所发表的公诉意见，指控大谷公司谋取不正当利益的事由包括两部分：一是结算资料不真实，导致国家损失 1 945 093.6 元（也就是说大谷公司实际多结算了工程款）；二是"为了使工程施工、验收、结算尽快完成"。关于这两部分事由，辩护人认为均不能成立：

1. 指控造成国家损失的唯一证据——《工程结算定案书》不具有合法性，不具有真实性，也不具有刑事诉讼的严肃性。

本案指控造成国家损失的证据只有《工程结算定案书》。除此，没有任何其他证据指向或证实涉案工程存在多结算工程款造成国家损失。本案《工程结算定案书》不具有合法性、真实性，应予排除适用。

（1）《工程结算定案书》不具有合法性。

《工程结算定案书》系财政局委托中介机构制作，并非由司法机关委托的具有司法鉴定资格的司法鉴定机构出具的司法鉴定结论。《工程结算定案书》也不是伴随案件事实发展而产生的书证。因此，其不具备刑事证据的合法要件而不具有合法性。

（2）《工程结算定案书》不具有真实性。

①《工程结算定案书》复核计算工程量采取理论公式计算，与《市政工程专用合同》约定"工程量按照实际签证量计算"的合同依据不一致，其计算工程量没有法律依据，最终导致少计算工程量。

②《工程结算定案书》复核确定的开挖路基石方单价以及开挖沟槽石方单价，与涉案工程石质是完整岩石需劈山而过所采取耙机开挖、控制爆破的客观事实不符，核定的单价畸轻！

（3）指控造成国家损失的证据及证明方式不具有刑事诉讼所要求的严肃性。

本案要证明大谷公司有没有向市政局多结算工程款而造成国家损失，必须查明市政局到底应当支付多少工程款这一客观事实。

若要查明该客观事实，首先应该由中立的司法机关委托有司法鉴定资格的司法鉴定机构来核定；其次，再由司法鉴定机构依据涉案工程的石质情况以及应该采用的开挖方式来确定单价，然后依据合同所约定的按实际签证量计算工程量，最终得出应该支付的工程款。

然而，本案证明造成国家损失的《工程结算定案书》就显得太儿戏！

①《工程结算定案书》是由存在利害关系的合同相对方财政局委托中介机构进行复核，并非司法机关；

② 中介机构完全脱离合同、背离客观事实完全凭空计算工程量、确定单价等数值；

③ 本案最荒唐的是公诉人竟然提出，因为北京市市政二建设工程有限责任公司在《工程结算定案书》盖章认可，所以大谷公司多结算工程款造成了国家损失。北京市市政二建设工程有限责任公司与财政局之间如何结算、如何让利，是该两个民事主体之间的民事法律关系，与大谷公

司实际上该结算多少工程款没有任何因果关系。难道北京市市政二建工程有限责任公司同意核减1 000万元工程款,就可以得出大谷公司多结算1 000万元工程款从而造成国家损失1 000万元吗?显然这种逻辑是荒谬的!

综上,本案《工程结算定案书》不具有合法性、真实性,应予排除适用。如果要查实大谷公司究竟应该结算多少工程款,应该由法院委托司法鉴定结构出具司法鉴定结论!

2. "为了使工程施工、验收、结算尽快完成"不属于单位行贿罪"为谋取不正当利益"要件情形。

辩护人认为在刑事司法实践中,对行贿罪的判断和认定,必须特别注意两个方面:

一是"为谋取不正当利益"不包括"使用了不正当手段但不正当手段仅侵犯国家工作人员职务行为的不可收买性,没有侵犯职务行为的正当性之情形"。

二是"为谋取不正当利益"的判断和认定,必须坚持"实证式"、"分析式"、"过程式"的方法论,而不能是"直觉式"、"综合式"、"结果式"的思维方式。

(1)"为谋取不正当利益"不包括"使用了不正当手段但不正当手段仅侵犯国家工作人员职务行为的不可收买性,没有侵犯职务行为的正当性之情形"。

对比《刑法》第三百九十八条、第三百九十三条的规定,显然可以得出刑法第三百九十八条第一款和第三百九十三条中的"为谋取不正当利益"不包括:使用了不正当手段但不正当手段仅侵犯国家工作人员职务行为的不可收买性、没有侵犯职务行为的正当行使性之情形。只有这样的限制性解释,才能证明第三百八十九条第二款"在经济往来中,违反国家规定,给予国家工作人员以财物,数额较大的,或者违反国家规定,给予国家工作人员以各种名义的回扣、手续费的,以行贿论处"和第三款"因被勒索给予国家工作人员以财物,没有获得不正当利益的,不是行贿",以及第三百九十三条中的"违反国家规定,给予国家工作人员以回扣、手续费,情节严重的"等刑法规范可以合乎逻辑的存在,并使得刑法分则的条文体系具有协调性。

由此可见,在我国现有刑法体系之下,一般领域"仅仅是侵犯公职人员职务行为的不可收买性"尚不构成行贿罪。通俗地说,"送钱不是罪"。

(2)本案没有任何证据证实大谷公司究竟是如何谋取、具体谋取了什么利益,该利益又依据什么标准判断其属于"不正当利益"。

实践中有些人会直接对利益作出是否正当的评价,但并不与具体的利益占有者或利益取得方式结合,乃在于其长期存在的直觉式、综合式、结果式而非实证式、分析式、过程式的思维习惯,以及非此即彼、非好即坏、非忠即奸的道德习惯。但这种思维方式与刑事司法要求证据确实、充分的证据裁判规则完全相背离。

在本案中,大谷公司给付财物的目的,起诉书指控是"为了使工程施工、验收、结算尽快完成"。这些是指什么具体事项,该事项本身是否合法?在案没有任何证据证实,公诉人也没有落实到哪些具体事项,都只是抽象的、综合的结论。也正是这种思维方式才会有今天的起诉。

纵观涉案标段施工合同条款、工程进度及结算情况等事实、证据,没有任何事实、证据证实因为李某生等人收受财物后,施工、验收、结算等存在违反合同的情形,使得大谷公司提前完成工程,提前结算取得工程款项。事实上,恰恰相反,大谷公司是在工程进度没有得到保障、工程结算迟迟未能实现等情形和压力下,给予相关国家工作人员财物。例如:

① 涉案项目招投标及签订《佛山市南海区市政工程专用合同》时,按土方约定工期,而事实上工程却需要劈山而过,工期明显需要延长,但又

不允许延长,只能加班加点;相关机关的国家工作人员并无加班工资,出现怠工的普遍现象。

②第三条第2项"工程进度款按实际完成工程量每月结算一次拨付"。事实上,款项并没有如期拨付。

③竣工验收"工程完工后,提交工程竣工报告书—收到后5个工作日内初验—初验后7个工作日批准或修改—初验后,提交竣工资料—20天内组织验收"。这一系列过程中,验收是否存在违反程序性规定?例如提前验收或本不应该验收合格却放宽政策作合格处理。在案没有任何证据指向或证实。事实上,验收、结算过程中,也是阻碍重重!

综上所述,本案起诉书指控大谷公司"为谋取不正当利益"的事由,要么证据不足,要么没有具体事项,空洞、抽象、想当然。因此,大谷公司不具备单位行贿罪"为谋取不正当利益"的构成要件而不构成单位行贿罪。

二、本案应坚持罪刑法定原则对各被告人判决无罪。

综观各国立法以及反腐败国际公约,现代刑法中的贿赂犯罪立法,基本上都保护两个法益:公职人员职务行为的不可收买性(廉洁性)和职务行为的正当性(合法行使性、纯洁性)。通俗地说,不可收买性是"送钱就是罪"。但是在中国,基于人情社会的现实、司法资源的有限性以及控制打击面的考虑,行贿犯罪进行了区别性立法,即一般情况下"送钱不是犯罪",而在某些特别领域,只要"送钱就是犯罪"。正因如此,无论被告人大谷公司的行为是否具有社会危害性,本案都应坚持罪刑法定原则,对此宣判其无罪。

至于公诉人庭审认为,尽管辩护人从法理、从法律等多个角度论证"为谋取不正当利益"的重要性,都不影响大谷公司构成单位行贿罪,并认为辩护人所提"送钱不是罪"太开放,与国家政策不符。对于公诉人的观点、逻辑,让每一个法律人为之心寒!在庄严的法庭之上,不明辩法理,不依据法律,难道凭直觉、凭政策? 如此,司法的权威何在? 法治的尊严何在?

尊敬的审判长、审判员,在判断本案是否构成单位行贿罪,请坚持以下原则,然后对其宣判无罪!

1. "谋取不正当利益"是行贿罪的必备要件,不可漠视!

2. "送钱不是罪"! (不包括某些特别领域)

3. "为谋取不正当利益"的判断和认定必须具体化、证据化!

4. 判断有没有造成国家损失必须由司法机关委托鉴定机构出具司法鉴定结论!

此致

南海区人民法院

广东南方福瑞德律师事务所

律师:

年　　月　　日

陈某某运输毒品案

◎起诉指控

被告人陈某某、陈某雄(另案处理)兄弟长期利用茂名市区低垾村222号302房为窝点制造、贩卖毒品。2011年3月2日凌晨2时30分许,当陈某某驾驶粤BZC719奇瑞牌小汽车运载毒品海洛因从广州经沈海高速回到茂名收费站出口时,被公安机关人赃并获,在该车内搜到:用黄色胶袋包装的毒品海洛因4块,净重共1 336克(经鉴定,海洛因含量为94.43%);手机三部,锁匙6串及《房屋租凭合同》1份等物品。

随后,公安机关依法到陈某某、陈某雄兄弟制造、贩卖毒品的窝点茂名市区低垾村222号302房进行搜查,并分别用陈某某、陈某雄两人携带的锁匙打开该房的大门,从该房南侧卧室内搜到:用白色胶袋包装的毒品海洛因1小包,净重18.78克(经鉴定,海洛因含量为92.5%);用白色透明胶袋包装的毒品冰毒(甲基苯丙胺)7小包,净重261.3克(经鉴定,甲基苯丙胺含量为51.7%);用蓝色胶袋包装的毒品麻果(含甲基苯丙胺含量为12.75%);地西泮片两盒,共200片;二羟丙茶碱1小包,净重294克;电子秤3台、千斤顶1个、模压机一套、搅拌机1台、电暖机1台、电击器1支、手铐1副等物品。公诉机关认为,被告人陈某某无视国家法律,运输、制造毒品,后果严重,其行为构成运输、制造毒品罪。

一审结果:法院认为,被告人陈某某无视国家法律,明知是毒品海洛因而进行运输,同时其明知是毒品海洛因、冰毒等还利用物理方法进行加工、配制,其行为已构成运输、制造毒品罪,依法应当判处。公诉机关指控被告人陈某某犯运输、制造毒品罪的事实清楚,证据确凿、充分,指控罪名成立,予以支持。

◎案件历程

人们常说:"在中国万事皆有可能"。不可能发生的事却发生了,这种发生率最高的地方,当属广东茂名。陈某某运输毒品案,汇聚很多不太可能而成为事实的情形,比如陈某某曾经被判过死刑,这次一审又被判为死刑。人一辈子两次被判处死刑,不容易。再如公安机关全副武装,一边抓人缴赃,一边拍摄录像,但却未能提供任何技术资料;录像只拍摄人,不拍摄车;明明没有鉴定盒子上粉末是不是毒品,公诉人睁眼瞎说鉴定是毒品,还反讥辩护律师没有认真看卷。种种漏洞,让人匪夷所思。

本律师接收该案件后,仔细研究了拍摄录像,发现有 3 分多钟的时间,陈某某所驾驶的车辆不在摄像范围之内。之后,再从副驾驶座位上缴获四包毒品。是不是公安栽赃?如果贸然提出,似有不妥。于是,本律师查阅了很多案例,最后在刑事审判参考找到了类似公安栽赃陷害的案件。作为辩护律师有必要向法庭提出这些理由。于是,在本案辩护中,大胆提出公安栽赃陷害,无法排除该毒品来源于其他方面的可能性,证据不足的观点。最终,二审法院接受了该观点,撤销原判决,发回重审。

◎二审辩护词

辩 护 词

尊敬的审判长、审判员:

广东南方福瑞德律师事务所接受上诉人陈某某的委托,指派文超、杜均品律师担任其二审辩护人。经过查阅全案案卷材料、一审庭审笔录、一审判决书,及会见上诉人陈某某,现提出如下辩护意见供合议庭参考。

辩护人认为一审判决陈某某明知是毒品海洛因而进行运输构成运输毒品罪，以及明知是毒品而利用物理方法进行加工、配制，构成制造毒品罪，事实不清，证据不足。具体理由如下：

一、在案证据不足以证实公安机关在车上查获的毒品与陈某某有关，无法排除涉案毒品是某锋的老板放在车上或者来源于其他途径的可能性。

根据刑法规定，运输毒品罪属于直接故意犯罪，要求行为人主观上必须明知是毒品而运输。就本案而言，认定陈某某构成运输毒品罪，必须证实两个方面：一是陈某某知道车上有蓝色胶袋及所装物品，换言之，该物品与陈某某有关；二是陈某某还要知道该物品是毒品。综合比较在案证据，不足以证实陈某某知道车上有涉案物品，以及该物品是毒品。

关于涉案车辆查获 1 336 克毒品是否与陈某某有关的直接证据，只有公安机关在抓获、搜查过程中制作的笔录和录像，除此，没有任何其他证据证实涉案车上所查获的 1 336 克毒品与陈某某有关。就在案的事实、证据而言，仅凭搜查过程中的笔录和录像尚不足以证实该毒品与陈某某有关，反而显示该毒品存在来源于其他途径的可能性。

1. 现场录像等证据不能证实涉案车上的毒品与陈某某有关。

① 录像只拍摄到陈某某被抓后，涉案毒品在陈某某所驾小车后座上，并没有拍到涉案毒品在陈某某被抓时或被抓前就已经在车上。根据公安机关所拍摄录像显示，在 1:32 至 4:34 期间，公安机关在抓捕陈某某，以及搜查其身上物品。至于该期间车辆以及车上物品，均脱离拍摄录像的范围，并没有拍摄到。也就是说，该录像并不能直接证明车上的毒品与陈某某有关。

② 所查获的四块毒品，无论是在装载毒品的蓝色袋子，还是包装毒

品的黄色纸袋上,均没有提取到陈某某的指纹。显然,这一关键事实,证实了陈某某与查获的毒品缺乏直接关系,说明陈某某没有动过涉案毒品。同时,这也印证了陈某某关于不知道其驾驶的车上存在涉案毒品的辩解。

由此可见,本案所谓人赃俱获的录像并不能直接证明涉案毒品与陈某某有关。毒品上没有陈某某的指纹,直接说明涉案毒品与陈某某无关。显然,一审判决事实不清,证据不足。

2. 在案证据无法排除毒品来源于其他途径的可能性。

可能性一:涉案毒品是某锋的老板放在车上。

陈某某自归案以来稳定供述:某锋让其帮忙交房租,某锋说其老板要见陈某某,以及某锋的老板在广州信和广场,上过他的车,涉案毒品可能是他放在车上的。对此,陈某某15016663300手机号码的通话记录显示,15013355640在陈某某离开广州之前确实存在联系,即印证了陈某某所说某锋通过电话与其联系,让其交房租,以及其老板上过车的供述。客观存在的通话记录,与陈某某的供述相互印证了某锋及某锋老板的客观存在。既如此,就无法排除某锋老板来到陈某某所驾小车上留下涉案毒品的可能性。

至于某锋老板趁陈某某不注意,将毒品放在车上,对此,陈某某是不知道的。这也可以从一系列客观事实可以判断:

(1)毒品所处位置是小车后座。一方面,该地方不具有任何隐蔽性。根据相关司法解释,只有以高度隐蔽的方式隐藏毒品,在没有其他证据的情况下,可以推定主观上明知是毒品。本案的后座显然不具有高度隐蔽性。另一方面,后座是司机视觉的死角。某锋老板下车后,陈某某一直在开车,每个开车的人都知道,开车时不可能去看后座,更不可能去留意后座有什么东西。

(2)毒品袋子与饼干袋子、矿泉水、背包混放在一起。陈某某在开车或停车小便，没有去专门留意，其中的胶袋装了什么。一般人也不会去留意。

根据经验法则判断，陈某某的辩解符合常识、常理，具有真实性。既如此，虽然陈某某客观上将毒品从广州带回了茂名，但因陈某某主观上并不知道毒品的存在，不具备运输毒品的主观故意，不构成运输毒品罪。

可能性二：毒品可能是其他人放在车上的。

(1) 拍摄录像中间有三分多钟没有拍摄涉案小车，他人将毒品放在车上具有一定条件。抓捕现场人员较多，场面混乱，不排除陈某某在被抓捕期间，存在其他人基于非法目的而将该毒品放在陈某某所驾小车上的可能性。

(2) 粗糙、简单的侦查方式令人生疑。

① 公安机关现场抓捕陈某某，准备充分，显然是有备而来，但对其如何获得该情报，一直拒绝提供。根据茂名市人民检察院《退查提纲》第4条：请将查获陈某某和陈某雄的五台手机被监控电话和短信打印附案，并将相关的监控电话和短信保留不要销毁。但茂名市公安局并没有提供。根据张军于2008年9月24日在《全国部分法院审理毒品案件工作座谈会上的讲话》第四个方面关于毒品案件的特情引诱和秘密侦查问题：对于公安机关是否运用电话监听等秘密侦查手段情况不明，致使影响准确认定案件事实和量刑的，要求公安机关提供详情。必要时，可去公安机关查阅相关材料，以形成内心确信。否则在罪与罪，判处重罪时都必须慎重。就本案而言，公安机关如何监控陈某某运输毒品的线索，对排除基于其他非法目的栽赃陈某某的可能性，具有重要意义。但公安机关拒绝向司法机关提供，令人生疑。

② 查获毒品时，并没有检查胶袋上有无指纹可以提取，而是直接清点毒品数量。这不符合侦查固定证据的一般方法。

③ 现场物品性质的检测，是采取抽样检测，并没有对四包物品都进行检测。难免让人产生疑问：另外三包是不是与被检测的那包一样呈

阳性。

公安机关大张旗鼓地安排抓捕现场,但又拒绝提供情报来源;事先安排拍摄录像固定证据,但却省略涉案毒品在陈某某抓捕前或抓捕时是否在车上这一关键事实;陈某某被控制后,仅通过拍摄警察从车上搜查到毒品,但又不检查、提取毒品上面的指纹。如此大批量、高纯度的毒品,竟然以如此粗糙的手法收集证据,不得不让人怀疑存在如被告人陈某某所说被栽赃的可能性。对于这种怀疑,最高人民法院《刑事审判参考》第67辑专门公布了类似的案例,告诫了审判实务中对此必须高度警惕。(附件1)

综上所述,本案简单、粗糙的抓捕、搜查录像,虽说是人赃并获,但缺乏涉案毒品与陈某某有关的直接证据,尚不足以证实涉案毒品与陈某某有关。结合在案其他证据,本案无法排除涉案车上毒品可能是某锋老板放在车上,或者是其他人基于非法目的而放在涉案车上的可能性。根据刑事裁判的证明标准,不能认定陈某某构成运输毒品罪。

二、涉案302房系陈某强所租,由某锋居住,陈某某虽去过302房,但302房的毒品与陈某某无关,不应对此承担任何责任。

根据房东梁某某的证言、辨认笔录以及《房屋租赁合同》,证实涉案302房是陈某强事先打电话给梁某某要求承租的,看房后,也是陈某强签订租赁合同。钥匙是梁某某交给陈某某,陈某某转交给陈某强,另外,陈某某帮陈某强交纳租金。

关于陈某某有无去过302房,涉案的证据有陈某某、陈某雄的供述,证人李某某、潘某某的证言,以及塑料盒上有陈某某手印的鉴定结论。这些证据证实陈某某去过涉案302房,帮某锋收拾过房间。但上述证据都不足以证实陈某某与302房的毒品有关,更不能证实陈某某在此制造毒品。

一审判决之所以将302房的毒品与陈某某建立起联系,是因为陈某某有302房钥匙,因为有人看见陈某某去过302房,因为302房塑料盒上有陈某某的手印。再结合302房的哑巴实物证据,得出结论。事实上,这一切证据,都只是形式的、表面的!

(1)《手印检验鉴定报告》虽鉴定了现场塑料盒上的手印系陈某某手指所留,但该证据仅能说明陈某某曾去过302房,碰过302房这个塑料盒。对此,陈某某从未否认。但现场这一塑料盒,是不是用来制造毒品的工具?如果是制造毒品的工具,塑料盒上面应该有毒品遗留物,但并没有这方面的鉴定结论。简言之,塑料盒不是制造毒品的工具,陈某某虽碰过,但与制造毒品无关。

(2)现场制造毒品的工具上均没有鉴定出陈某某的指纹。

(3)302房缴获的毒品,均没有鉴定出陈某某的指纹。

由此可见,没有任何直接证据证实302房毒品与陈某某有关。

一审判决之所以认定陈某某与302房毒品有关,忽略了几个方面的事实、证据:

(1)302房不是陈某某的。证人证言及书证均证实302房是陈某强所租;302房搜查录像8显示,在302房间查获一本行驶证,因没有提取该证件,虽无法确定是谁,是否与房屋使用者有关,但至少可以排除是陈某某的。所以,302房不是陈某某的。以此为前提,若要认定302房的物品是陈某某的,就必须有足够证据证实,而不是简单的推定。

(2)在案证据只能证实到陈某某去过302房,在塑料盒上留下手印。但对于该事实,陈某某已经如实解释,且合情合理。

(3)在案没有任何直接证据能够证实,陈某某与302房制造毒品的工具或制造的毒品有关。

显然,一审判决仅仅是因为陈某某与陈某强、某锋有来往,去过别人的302房,而将302房的毒品推定为是陈某某的。于情于理,都不能成立!

三、其他需要说明的问题

1. 关于以物理方法加工、配制毒品是否构成制造毒品罪的问题。

根据《全国部分法院审理毒品犯罪案件工作座谈会纪要》第四,制造毒品的认定与处罚问题:制造毒品不仅包括非法用毒品原植物直接提炼和用化学方法加工、配制毒品的行为,也包括以改变毒品成分和效用为目的,用混合等物理方法加工、配制毒品的行为,如将甲基苯丙胺或其他苯丙胺类毒品与其他毒品混合成麻古或者摇头丸。为便于隐蔽运输、销售、使用、欺骗购买者,或者为增重对毒品掺杂使假,添加或者去除其他非毒品物质,不属于制造毒品的行为。(附件2)

就本案而言,在302房查获的毒品成分单一,从结果来看,不存在改变毒品成分和效用的混合毒品。换言之,302房的工具,只是用于改变毒品的纯度,即是为了增重而对毒品添加其他非毒品物质。

结合上述关于制造毒品认定的原则,以及302房毒品的成分等客观情况,无论涉案302房的毒品与陈某某是否有关,一审判决认定为制造毒品罪于法无据。

2. 关于刑事证明方法的问题。

刑事证据裁判规则要求案件的每一项事实,都必须有确实充分的证据予以证实,而不能恣意推定。然而,纵观本案一审判决的裁判方法就严重违背了证据裁判规则:

(1)对于犯罪构成要件事实——关键事实,在没有任何直接证据的情况下恣意推定认可。例如:关于涉案车辆查获的毒品,在没有任何直接证据能够证实的情况下以人赃俱获为由推定该毒品与陈某某有关。再如:关于302房的毒品及制毒工具,也在没有任何直接证据证实的情况下,仅凭陈某某去过302房为由推定其与302房毒品有关。能够证实陈某某与毒品存在关系的直接证据,本案均缺失。一审法院凭着一些表面的现象进行推定,未免太草率。

(2) 陈某某没有正当职业,但其银行账户却常有一定的资金流动。这总让人产生疑问,让人以常理去推想,如果陈某某没有实施毒品犯罪活动,怎么会有这么多钱?这种逻辑是公安侦查逻辑,并不能成为刑事裁判逻辑。一审判决也正因如此,以至于在运用刑事推定时违背了基本事实。

(3) 本案主体的特殊性,就是陈某某于 1989 年 9 月 19 日判处死刑,缓期二年执行。人一辈子被判两次死刑,估计比中彩票概率还小。但让被告人陈某某碰到了。也正因为该前科,让一审判决在认定事实时,将证明标准放低了,违背了不得运用品格证据的证据规则。

尊敬的审判长、审判员,本案关于查获车上的毒品是否与陈某某有关,302 房的毒品陈某某是否需要承担责任,都必须严格坚持证据裁判原则,严格执行事实清楚,证据确实、充分,排除合理怀疑的证明标准。坚信二审法院能够纠正不当的刑事推定,重新认定事实真相,还陈某某一个自由之身!

此致
广东省高级人民法院

广东南方福瑞德律师事务所

律师:

年　　月　　日

黄某某非法制造弹药案

◎起诉指控

黄某某系佛山市三水区西南街红旗五金厂实际经营人,其自 2006 年起组织工人非法生产气枪铅弹用以销售牟利。被告人黄某忠系黄某某之子,其通过在互联网发布铅弹广告信息的方法协助黄某某销售铅弹,并曾向张某文等人出售铅弹 220 千克。2011 年 2 月至 7 月间,被告人梁某光等五人相继进入红旗五金厂工作,主要负责制造铅弹。被告杨某色于 2011 年 3 月进入红旗五金厂工作,主要负责维修制造铅弹的机器。2011 年 8 月 23 日侦查机关在红旗五金厂现场查获气枪铅弹 26 840 千克及制造铅弹的机器设备一批,并当场抓获梁某光等工人。经鉴定,所查获的铅弹为非军用气枪铅弹,其中 5.5 毫米口径为 824 发/千克;4.5 毫米的为 1 368 发/千克。

综上所述,被告人黄某某非法制造、买卖铅弹 27 060 千克,被告人黄某忠非法买卖铅弹 27 060 千克,被告人梁某光等工人参与非法制造铅弹 26 840 千克。

本院认为,被告人黄某某非法制造、销售气枪铅弹,情节严重,其行为触犯《刑法》第一百二十五条第一款,犯罪事实清楚,证据确实充分,应当以非法制造、买卖弹药罪追究刑事责任。黄某忠无视国家法律,非法销售气枪铅弹,情节严重,触犯《刑法》第一百二十五条第一款,应当以非法买卖铅弹罪追究刑事责任。梁某光等人非法制造气枪铅弹,情节严重,应当以非法制造弹药罪追究其刑事责任。在共同犯罪中,被告人黄某忠、梁某光等人起次要作用,是从犯。

◎案件历程

本案是新中国成立以来广东省最大的生产弹药的案件,现场查获就多达 27 吨,3 000 多万发,超过"情节严重"数额 2 500 发千万倍。接收案件后,本律师一直纠结于黄某某的行为缺乏刑事违法性认识,不具有危害公共安全的故意,是否构成犯罪?从主客观相统一的定罪原则入手,显然本案缺乏主观要件,不构成犯罪。但最高院的司法解释明确规定铅弹入罪判刑,"不知法不免责"基本原则使得作无罪辩护风险非常大。到底做无罪辩护,还是有罪辩护?如做无罪辩护,意味着失去自首等从轻情节,很可能重判;做有罪辩护,铅弹 2 500 发就是十年以上,3 000 多万发量刑很有可能超过无期徒刑。

经过权衡比较,还是选择作有罪辩护,同时意识到该案件将是推动最高人民法院《关于审理非法制造、买卖、运输枪支弹药、爆炸物等刑事案件具体应用法律若干问题的解释》关于铅弹量刑改革的典型案件。

第一次起诉开庭,本律师出庭辩护。庭审后,检察院撤回起诉。没过多久,检察院第二次起诉到法院。第二次起诉与第一次起诉不同之处,就是把黄某某雇请的员工全部不起诉。

本律师发现这是一次绝佳的机会,既然检察院将制造铅弹的实行行为人不认定为犯罪,那么,组织实施制造铅弹的非实行行为人,同样也不构成犯罪。针对第二次起诉,辩护律师完全有信心做无罪辩护。正当本律师充满信心准备无罪辩护时,黄某某的女儿另找律师出庭辩护,无需本律师出庭。最终,本案一审判处黄某某无期徒刑。

本律师对于本案也甚感遗憾,最终未能无罪或推动最高院关于铅弹量刑的改革。后来二审本律师虽挂名担任辩护律师,但因其他因素介入,已无能力再努力辩护。但二审法院还是考虑到本案的特殊性,将黄某某改判十五年有期徒刑。

经过此案,本律师甚感疲惫,对辩护律师与当事人之间信任的重要性有了新的认识。作为辩护律师,如果当事人常有怀疑,不能分辨是非,缺乏判断力,这种案件基本上可以回绝了。因为辩护律师千辛万苦,看得两眼昏花,换来的是不信任,不值! 我也建议当事人,如果把案件委托给了辩护律师,在专业上要绝对信任他,否则就别委托他。请律师,跟买东西不一样! 这个你懂的。

◎第一次庭审辩护词

辩 护 词

尊敬的审判长、人民陪审员:

广东南方福瑞德律师事务所接受黄某某的委托,指派杜均品律师担任其辩护人。现发表辩护意见如下:

本辩护人对起诉指控黄某某构成非法制造、买卖弹药罪不持异议。但指控现场查获铅弹 26 840 千克,因本案磅单缺乏合法性和客观性,且磅单 26 840 千克并非铅弹的重量,而是铅弹、袋子、纸箱的重量之和,铅弹实际数量存疑,根据"存疑从轻"的司法实践原则,对本案应从轻处理;黄某某协助公安机关抓获同案人黄某忠,有立功情节;其经公安机关口头传唤,主动到案,如实供述犯罪事实,构成自首;指控黄某某非法买卖铅弹绝大部分铅弹尚未出售属于未遂;黄某某等人对制造铅弹的刑事违法性存在认识错误,主观上没有危害社会公共安全的主观故意,客观上其制造的铅弹属文体用品,社会危害性相对较小,没有造成社会危害后果,不宜认定为情节严重;相关司法解释以及司法判例对于涉铅弹的犯罪量刑均较轻,恳请法庭能够综合考虑上述因素对其从宽处罚。

一、黄某某协助公安机关抓获同案人黄某忠,有立功情节。

根据以下事实、证据可以证实:黄某某打电话给黄某忠,让黄某忠回来接受公安机关的调查,黄某忠接到黄某某的电话后主动回家归案,接受公安机关的调查。

（1）《抓获经过》载明：2011年8月23日……侦查人员……再叫黄某某打电话给黄某忠，叫黄某忠回厂，过了一小时左右，黄某忠回到厂里被抓获。（附件1）

（2）黄某忠2011年9月29日的讯问笔录：2011年8月23日我在信用社上班，我父亲黄某某打电话给我叫我回家一趟，说有警察向我问点事，我就等我老婆一起再回到村里，到家后就被抓住了。

（3）黄某某9月29日的讯问笔录以及庭审供述：我回去后，警察说还要找我儿子，当时我儿子在信用社上班，我打电话叫他回来，过了没多久黄某忠就回来了，也被抓住了。

根据《最高人民法院关于处理自首和立功具体应用法律若干问题的解释》（以下简称《解释》）第五条规定，犯罪分子到案后，协助司法机关抓捕其他犯罪嫌疑人（包括同案犯）的，应当认定为有立功表现。对于劝说同案犯主动归案或自首的行为，司法实践案例认定该行为对公安机关抓获同案人起到协助作用，构成立功。（附件2）

就本案而言，黄某某给黄某忠打电话让其回来的行为，对公安机关成功抓获同案人黄某忠确实起到了协助作用，完全符合立功的法律规定，

二、公安机关电话传唤黄某某后，黄某某主动到案，如实供述自己的犯罪事实，构成自首。

根据公安机关出具的《抓获经过》，可以查实侦查人员抓获工人后不见老板黄某某，于是打电话给老板黄某某叫他马上回厂，十多分钟后，黄某某回到厂里被抓获。结合黄某某的供述，可以认定黄某某接到公安机关电话后，主动到达案发现场，接受公安机关的调查。

根据《解释》第一条第一项规定，自动投案是指犯罪事实或者犯罪嫌疑人未被司法机关发觉，或者虽被发觉，但犯罪嫌疑人尚未受到

讯问、未被采取强制措施时，主动、直接向司法机关投案。对于犯罪嫌疑人经公安机关口头传唤到案的情况，因传唤不属于强制措施，特别是口头传唤具有较大随意性，不具有任何强制力，嫌疑人经传唤后，自主选择归案接受调查，具有归案的自动性和主动性，完全符合自动投案的本质要求，符合《解释》的上述规定，应视为自动投案。（附件3）

结合上述《解释》和原则，黄某某接到公安机关电话口头传唤后，主动归案接受调查，主动将自己置于司法机关控制之下，属于自动投案。其自动投案后，自始至终如实供述犯罪事实，构成自首。

三、本案磅单缺乏合法性和客观性，且磅单 26 840 千克并非铅弹的重量，而是铅弹、袋子、纸箱的重量之和，铅弹实际数量存疑，根据"存疑从轻"的司法实践原则，对本案从轻处理。

1. 本案磅单缺乏客观性和合法性，严格按照证据规则，不能作为计算货物实际重量的证据。

本案计算货物实际重量的依据是磅单。磅单作为载明货物重量的一种证据形式，其必须符合证据的基本特征和属性，即具有客观性和合法性。然而，本案所调查收集的磅单缺乏客观性和合法性。

（1）本案磅单不具有合法性。

根据《工商企业登记管理条例》第一条、第二条以及《无照经营查处取缔办法》第二条规定，任何单位和个人从事商业经营行为，都必须向工商行政部门申请工商登记取得营业执照。否则，属于非法经营行为。（附件4）

根据《社会公正计量行（站）监督管理办法》第六条、第七条，以及参照《深圳市公正称重站监督管理办法》第十一、第十二条之规定，公正称重站必须经市计量行政主管部门（以下简称市主管部门）批准建立及资格认可,且有保证称重准确性、可靠性和公正性的管理措施和管理制度,建立管理手册;司秤人员也必须经过培训合格,方可持证挂牌上岗;称重设备有制造计量器具许可证标志和检定合格证。(附件5)

根据《中华人民共和国计量法》第九条、《中华人民共和国强制检定的工作计量器具检定管理办法》第二条、《中华人民共和国强制检定的工作计量器具明细目录》第二条之规定,地磅属于列入强制检定目录的工作计量器具,只有经检定合格方可使用,如未按照规定申请检定或检定不合格,不得使用。(附件6)

也就是说,从事称重这一商业服务行为,首先,必须取得工商经营执照。其次,地磅、司秤人员、称重公正站必须符合法律、法规规定的相关条件。如果没有营业执照,就属于非法经营行为;如果存在地磅不合格,或者司秤人员不具资格,或者称重公正站缺乏资质等任何一种情形,都将导致称重行为不具有合法性。换言之,非法称重行为得出的磅单,不具有合法性。

纵观在案证据,本案没有任何证据证明横江铁料城的地磅经检定合格,司秤人员和称重公正站具有符合上述法律法规规定的资格条件。

更重要的是,在案磅单不具有完整性,且司秤员存在矛盾。首先,磅单没有载明称重公正站的名称,该称重公正站叫什么名字呢?根据张某球的证言是在广东南方衡器厂过地磅,但磅单显示该地磅是广东南方衡器厂有限公司设计,并非是公正站的名字。其次司秤人员不完整,且矛盾。第一次磅单第二联显示司秤员1,手写是胡心开,第三联又没有写明司秤员1是谁;第二次磅单显示司秤员也是1,但手写司秤员是陆玉兴。到底司秤员1是胡心开还是陆玉兴呢?他们有没有经过培训是否具有司称资格呢?最后,磅单上没有盖公正站的标准的"公正数据专用章",这磅单到底是哪家公正站的都无从体现。

磅单是哪家称重站,哪个司秤员都无法明确。显然,本案的磅单(称重)不具有合法性。

(2)本案磅单缺乏客观性。

证据的客观性要求证据必须真实可靠。然而,在案磅单,除存在上述不合法、不完整等特征外,都是商业运作下产生的磅单。过磅商家其利益与货物重量存在直接利害关系,市场中不乏一些商家在磅单上作手脚,夸大货物重量,从而多收取过磅费。换言之,本案的商业磅单准确度如何无法确定,其不具有公正性。如果没有公正的、中立的机构来对此作出结论,而仅凭这些磅单来计算货物实际重量,就有失公允!

综上,一个称重本身都没有法定资格,且是在商业利益驱动下产生的磅单,用于关乎公民自由、生命的刑事诉讼,就显得相当儿戏!

2. 磅单26 840千克并非铅弹的重量,而是铅弹、袋子、纸箱的重量之和。

根据《佛山市公安局禅城区分局扣押物品、文件清单》,查获的铅弹有袋装和纸箱装。现场照片也证实铅弹有袋装和纸箱包装。根据司机张某球的证言"警察将黄某某工厂里的铅弹装袋并打包,再装上车……过磅"。由此可见,过磅时,车上装的并非全部是铅弹,还有打包装载铅弹的袋子和纸箱。磅单计重的重量是铅弹、袋子、纸箱的共同重量,并非铅弹的实际重量。铅弹的实际重量肯定小于磅单26 840千克。

综上所述,本案磅单26 840千克并非铅弹实际重量,严重按照证据规则,该磅单不合法、不真实应当排除适用。但考虑到本案铅弹数量具有特殊性,为了避免司法资源的浪费,磅单虽然可以作为证据使用,但在量刑时,应当遵守"存疑从轻"的司法实践原则,将铅弹实际重量存疑作为从轻处罚的因素。

四、指控黄某某非法买卖的绝大部分铅弹尚未出售,属于未遂。

起诉指控黄某某非法买卖铅弹 27 060 千克,因公安机关现场查获 26 840 千克铅弹,该铅弹尚未出售,根据非法买卖弹药的既未遂的法律规定,属于未遂。起诉指控的 220 千克铅弹已经出售,属于既遂。

对于同一罪名既未遂同时存在,且未遂数额巨大,既遂数额相对较小的情形,司法实践一般认为决定全案犯罪构成的基本数额是未遂额,适用未遂条文。因此,本案认定黄某某构成非法买卖弹药罪的同时,考虑到涉案弹药绝大部分尚未出售流入社会,适用未遂的法律规定,比照既遂犯从轻处理。

五、黄某某等人对制造铅弹的刑事违法性存在认识错误,主观上没有危害社会公共安全的主观故意,客观上其制造的铅弹属文体用品,社会危害性相对较小,没有造成社会危害后果,不宜认定为情节严重。

对于非法制造、买卖、运输枪支、弹药、爆炸物等刑事案件法律适用,经历了如下历程:

(1)2001 年 5 月 10 日最高人民法院分布《关于审理非法制造、买卖、运输枪支、弹药、爆炸物等刑事案件具体应用法律若干问题的解释》(以下简称《解释》),单一规定涉枪涉弹等入罪以及情节严重的数量标准。

(2)2001 年 9 月 17 日,最高人民法院发布《对执行〈关于审理非法制造、买卖、运输枪支、弹药、爆炸物等刑事案件具体应用法律若干问题的解释〉有关问题的通知》(以下简称《通知》),对该《解释》的适用进行变通,专门规定"行为人确因生产、生活所需而非法制造、买卖、运输枪支、弹药、爆炸物,没有造成严重社会危害,经教育确有悔改表现的,可依法免除或者从轻处罚。

（3）2009年11月9日,最高人民法院作出《关于修改〈最高人民法院关于审理非法制造、买卖、运输枪支、弹药、爆炸物等刑事案件具体应用法律若干问题的解释〉的决定》（以下简称《决定》）,将上述《通知》部分内容增加为《解释》的第九条:……正常生产、生活需要,或者因从事合法的生产经营活动而非法制造、买卖、运输、邮寄、储存爆炸物,数量达到本《解释》第一条规定标准,没有造成严重社会危害,并确有悔改表现的,可以依法从轻处罚;情节轻微的,可以免除处罚。具有前款情形,数量虽达到本《解释》第二条规定标准,也可以不认定为刑法第一百二十五条第一款规定的"情节严重"。

从上述司法变迁过程,可以得出三个司法原则:

（1）生产、生活、正常经营涉及涉枪涉弹涉爆等犯罪应当区别从轻对待。

（2）判断情节严重的标准,司法更关注的是犯罪目的、动机、社会危害性、行为可罚性而不是枪、弹、爆炸物的数量本身。

（3）生产、生活、正常经营爆炸物即使超过了"情节严重"的数量标准,也可以不认定为情节严重。

根据上述立法精神,结合本案以下事实和理由,本案虽涉案铅弹数量巨大,但铅弹本身属于文体用品,社会危害性较小,黄某某等人对制造铅弹的社会危害性及刑事违法性存在认识错误,并无危害社会公共安全的主观故意,不宜认定为"情节严重"。

（1）气枪铅弹属于文体用品,本身社会危害性较小。

文教体育用品、玩具制造业的《归类表》将气枪铅弹归于文教体育用品、玩具制造业的品种之列。实际用途也主要是用打鸟等娱乐项目。众所周知,气枪铅弹属于文体用品,其杀伤力较小,甚至可以说没有杀伤力。就杀伤力问题而言,本案的《枪支、弹药检验报告书》是不完整的,仅仅只是确定涉案检材是气枪铅弹(非军用),至于其杀伤力度等直接体现其社会危害性因素并没有作出鉴定。

(2)黄某某等人对非法制造气枪铅弹的刑事违法性存在认识错误,对其行为的社会危害性认识不足,主观恶性较小。

根据本案各被告在侦查阶段以及今天的庭审,都可以证实各被告人都不知道制造气枪铅弹是违法犯罪的行为,如果知道是违法犯罪的行为肯定不会做。由此可见,各被告人对非法制造气枪铅弹的刑事违法性存在认识错误,属于"假想的不犯罪"情形。

对于法律认识错误是否构成犯罪问题,基于我国刑事政策,原则上不能因为行为人对自己行为的法律性质的误解而不追究刑事责任,但在某些特殊情况下,如果行为人确实不了解国家法律的某种禁令,从而也不知道行为具有社会危害性,就不能让其承担故意犯罪的刑事责任。换言之,对于法定犯(法律或政策规定的犯罪)因自身并不是犯罪,将其作为犯罪是基于政策上的理由,如果行为人对法律认识错误,就不能按故意犯罪处理。

就本案非法制造弹药罪而言,显然属于法定犯。本案各被告人对非法制造铅弹构成犯罪这一刑事违法性存在认识错误,严格按照主客观相统一的定罪原则,现有事实证据尚不足以证明各被告人构成犯罪。因法定犯要求将违法性的认识作为主观故意的要素之一,即如果要指控本案各被告人构成非法制造弹药罪,必须证实各被告人明知非法制造铅弹的行为具有刑事违法性,知道是犯罪行为。

诚然,在现有刑事政策及法治体制之下据此不认定犯罪的可能性甚微。但各被告对刑事违法性认识错误,至少体现了各被告人对其行为的社会危害性认识不足,主观恶性较小。

(3)黄某某等人主观上没有危害社会的主观故意。

承上可知,梁某光等制造铅弹的工人,仅仅只是为了每个月

1 200～1 400元的工资,黄某某虽作为老板,但每个月的利润也不过区区几千元,如果算上自有的房租,利润所剩无几。如果说各被告人仅仅为了少之又少的利益,而故意实施严重危害社会治安的行为,显然难以成立。这也从各被告人的供述中得以体现:如果知道这是犯罪的行为而且还这么严重,肯定不会做了。

因此,各被告人的真正目的只是为了工资或收入,主观方面并无实施其他严重危害社会治安秩序行为的恶意。

(4)黄某某没有利用其制造的铅弹或者其铅弹被他人利用造成社会危害结果,社会危害性较小。

判断非法制造、买卖、运输枪支、弹药、爆炸物是否造成严重社会危害的标准有两个方面:一是行为人有没有使用枪支、弹药、爆炸物实施危害社会的行为;二是行为人非法制造的枪支、弹药、爆炸物有没有被别人用于实施其他违法犯罪活动。

根据上述标准,本案非法制造的铅弹显然没有造成社会危害:

① 在案事实、证据确实、充分的证实,各被告人都是老实巴交的农民,均无违法犯罪的前科。换言之,各被告人没有实施过任何违法犯罪的行为,更没有利用其制造的铅弹实施任何违法犯罪活动。

② 本案除了张某文等人因购买铅弹涉及犯罪之外,没有任何事实、证据显示,购买人曾利用黄某某等人制造的铅弹实施违法犯罪活动,从而危害社会。

本案虽不能严格按照主客观相统一的定罪原则,判决各被告人无罪,但也不能机械地"一刀切"。为此,恳请法庭能够充分发挥《通知》、《决定》的司法精神,参照适用关于爆炸物是否"情节严重"的判断标准,基于上述理由,认定本案不属于"情节严重":一、基于犯罪对象——铅弹,本身具有特殊性,属于文体用品供文体娱乐使用,杀伤力较小,社会危害性较小;二、基于各被告人主观对制造铅弹的刑事违法性认识错误,对其行为社会危害性认识不足,没有危害社会公共安全的主观故意,主观恶性较小;三、基于各被告人行为的客观危害性较小,即各被告人没有利用其制造的铅弹实施违法犯罪,其制造的铅弹也没有被其他人利用实施危害社会的行为。

六、司法实践案例均认定气枪铅弹具有特殊性,对涉及铅弹的犯罪从宽处罚,恳请法庭能够借鉴考虑对本案从宽处罚。

关于气枪铅弹入罪判刑,始于2001年《解释》的规定。关于量刑标准为500发入罪,2500发以上情节严重,量刑在十年以上直至死刑。然而,各地法院均考虑到气枪铅弹的特殊性,避免《解释》执行可能产生的负面影响,对气枪铅弹涉嫌的犯罪均从宽处罚:

非法制造气枪铅弹司法案例表 (附件)

序号	名称 (案号)	铅弹数量	量刑情节		处理结果
			法定	酌定	
1	周天伦非法买卖弹药案 (2008) 江刑初字第 699 号	3 600 发		建议撤诉理由: 主观上没有犯罪的故意, 客观上没有造成社会危害	撤回起诉
2	唐青等人非法制造、买卖弹药案	210 万发	立功	认罪态度好	有期徒刑六年
	莫某	98 万发		没有造成严重社会危害, 情节轻微	均免予刑事处罚
	李某	70 万发			
3	李亚珊等人非法买卖弹药案	56 万多发	立功	初犯、坦白、自愿认罪	有期徒刑六年
4	皮某某非法买卖弹药案 (2009) 蚌铁刑初字第 4 号	1 600 发		当庭自愿认罪	有期徒刑三年, 宣告缓刑四年
5	李春林非法买卖弹药案 (2011) 湛刑初字第 48 号	997 发		当庭认罪、悔罪, 系初犯、偶犯, 没有前科; 未流入社会, 社会危害性小	有期徒刑三年, 缓刑三年
6	石小勇非法持有弹药案 (2011) 高新刑初字第 39 号	6 000 发		初犯, 认罪态度较好, 未造成严重的社会危害后果	有期徒刑三年, 缓刑四年
7	罗秀峰非法持有弹药案 (2011) 芦法刑初字第 138 号	4 000 发		初犯, 主观恶性较小, 到案后认罪态度较好, 确有悔罪表现	有期徒刑二年, 宣告缓刑三年

对于上述涉及气枪铅弹的案例, 有的作为无罪处理, 有的减轻处理, 有的从轻处罚, 但均体现对该类案件从宽处理的司法实践原则。

我国虽不是判例法国家,但同在一个中国,同用一部刑法,办理同类案件,应具有参考价值。因此,恳请法庭能够综合考虑,对本案从宽处理。

尊敬的审判长、审判员、人民陪审员,还有公诉人,最后请允许我先向公诉人致敬。起诉书中均认定除黄某某外各被告人属于从犯,并且没有追诉同案人梁某某,起诉书既是对共同犯罪理论的大胆突破,也充满了人文关怀。相信佛山检、法两家具有相同的法治精神,期待着贵院能够从刑法谦抑性原则出发,充分考虑本案气枪铅弹的特殊性,结合黄某某自首、立功等情节,作出一个符合一般公众对实质正义期盼的判决!

此致

佛山市中级人民法院

广东南方福瑞德律师事务所

律师:

年　　月　　日

李某某组织、领导黑社会性质组织罪案

◎起诉指控

从 2000 年开始,被告人李某某为谋取非法利益,纠结被告人胡某辉、张某生等人成立"十兄弟"组织。至 2004 年,该"十兄弟"恶势力组织逐渐分化,被告人李某某纠集时任白云区红星村副村长的被告黄某英,带领被告人张某生、胡某辉在本市白云区石井一带,先后纠集被告人陈某桂、雷某、李文某、邓某国、张某、吴某刚、阳某华、周某元等多人,逐渐形成了以被告人李某某、黄某英为首,以被告人陈某桂、雷某、李文某、张某生、邓某国、张某、吴某刚、阳某华为积极参加者,以胡某辉、刘某、周某元等为一般参加者的黑社会性质组织。

该组织成员固定,通过在石井红星村、谭村、大岗村、鸦岗村等地开设赌场,并非法发放高利贷作为组织的经济来源。该组织为实现对夏茅客运站等地广州至常宁客运路线的控制和垄断,以暴力威胁手段收取上述客运站场的广州至常宁路线客运车辆保护费及强行收购车辆股权,逐步形成了对上述路线的垄断经营。该组织在上述区域内还实施了故意伤害、寻衅滋事、抢劫等大量违法犯罪活动,称霸一方,造成了恶劣的社会影响,严重破坏了当地正常的经济秩序和生活秩序。

◎案件历程:辛酸!

辩 护 词

组织、领导黑社会性质组织罪的辩护

2006 年 4 月 25 日接受涉黑匿名报

却用 2010 年 6 月份的《接受刑事案件登记表》

亲戚、老乡常来往——成员固定有组织

负债累累、老婆孩子都养不起——有一定经济实力

累加、堆砌个别人实施的犯罪——有组织实施犯罪

打份工、赚点血汗钱——垄断客运行业

被人打、被人诬告——横行乡里，产生重大影响

这是一个什么样的黑社会性质组织？！

关于黑社会性质组织，在 1997 年刑法修改时确定，但对于该罪名的特征，因与一般犯罪集团的区别拿不准，刑法并没有具体规定。

为了适应司法实践需要，2000 年 12 月 4 日最高人民法院发布了《关于审理黑社会性质组织犯罪的案件具体应用法律若干问题的解释》，确定了该罪的四大特征。特别强调要求有公权力介入的保护伞。

2001 年 11 月份，最高人民检察院向全国人大常委会提交报告，认为最高人民法院的司法解释关于一定要求"非法保护"突破了刑法的规定，致使一批"严打"整治斗争中正在办理的案件，不能依法追究。并认为"保护伞"一般情况下需要，但特殊情况下可以不具备。对此，最高院认为，"非法保护"必不可少，一方面如果没有这些特征，很难与共同犯罪和犯罪集团区别开来，另一方面，没有保护伞，黑社会性质组织难以形成。事实上，最高院深谋远虑。放眼今天的"打黑"，有多少是真正的黑社会性质罪？一般犯罪集团与黑社会性质组织界限还有没有？

对于司法机关认识分歧问题，全国人大常委会于 2002 年 4 月 28 日，发布了《关于刑法第二百九十四条第一款的解释》，规定"黑社会性质的组织"必须具备四个特征：(1) 形成较稳定的犯罪组织，人数较多，有明确的组织者、领导者，骨干成员基本固定（这是黑社会性质组织的组织特征）。(2) 有组织地通过违法犯罪活动或者其他手段获取经济利益，具有一定的经济实力，以支持该组织的活动（这是黑社会性质组织的经济实

力特征）。（3）以暴力、威胁或者其他手段，有组织地多次进行违法活动，为非作恶，欺压、残害群众（这是黑社会性质组织的行为特征）。（4）通过实施违法犯罪活动，或者利用国家工作人员的包庇或者纵容，称霸一方，在一定区域或者行业内，形成非法控制或者重大影响，严重破坏经济、社会生活秩序（确定了通过"双拳"起家实现非法控制和非法保护实现非法控制两种方式）。2011年5月1日生效的《刑法修正案八》全盘吸收了该立法解释，规定黑社会性质组织罪必须同时具备上述四大特征。事实上，八次刑法修正案，全国人大常委会取代、架空了全国人民代表大会的权力，违背了宪法（这句话，不是我说，是中山大学某教授说的）。这也使得今天黑社会性质组织的外延如此宽泛。卖盒饭的、开货车的、搞客运的等等普通老百姓，没有任何保护伞，都成了黑社会！

就本案起诉书指控的黑社会性质组织四大特征可概括为：

组织特征：李某某与黄某英为组织领导者，李某某的4个亲人、16个常宁老乡为参加者。因李某某与自己的亲人及老乡常有来往，所以组织成员固定。

经济特征：李某某等人在石井村庄的树下、猪舍、士多店等地方，秘密地、地下地、游击地开设赌场抽水；李某某等人将自己或亲戚家房子抵押贷款或向黄某英借款，再转借给他人赚取利息，是该组织的经济来源，并形成负债累累的经济实力。

行为特征：李文某、周某军等担任驻站人员、业务结算员，辛辛苦苦提供劳务，属于敲诈勒索；因与黄某英是好友，参与解决与梁某英之间民事纠纷，江某龙被人捅伤，是寻衅滋事，要求赔偿医药费，是敲诈勒索；被保安殴打进行反抗，是故意伤害；还有凭一个人说法，就被指控的抢劫罪、故意伤害罪等等。本案在行为特征上，真具有暴力性和多样性。

非法控制特征：夏茅、罗冲围始发广州至常宁9台班车，李某某、李文某分别占两台车16%、8%的股权，形成了对该线路的垄断经营；找与黄某英有矛盾的村民作证，李某某与黄某英相互勾结，横行乡里，鱼肉百姓,严重破坏了社会秩序和生活秩序,达到了非法控制。

本辩护人认为,根据上述四个特征,指控本案属于黑社会性质组织,是很滑稽可笑的!将这些仅仅因为乡情常有来往的同乡,将个别人所为的违法犯罪活动堆积在一起,作为黑社会性质组织,于情,以后只有乡音,没有乡情,社会将更加冷漠;于法,没有任何事实根据,也没有法律依据。

辩护人认为,本案根本不存在具有稳定性、严密性、人员较多的组织,都是一帮或负债累累或穷苦寒酸的同乡农民工,没有任何经济实力,也不存在公权力介入的保护伞,也没有通过"双拳"对社会产生影响,建立第二社会,跟所谓的黑社会性质组织相差十万八千里。

1. 本案没有什么组织,只有同乡。

起诉指控的涉及的组织有两个:一个是"十兄弟"组织;另一个是李某某等20个常宁老乡。

关于"十兄弟",与本案没有任何关系,起诉书自己也说了该组织已经分化不存在。至于该"十兄弟"组织是不是恶势力,我认为起诉书属于恣意判断。该"十兄弟"组织成员,就是在外打工的常宁老乡,当时为了反抗四川黑恶势力,避免被他人欺侮,以及合作发展,类似于今天的老乡会、校友会、同学会。事实上,该"十兄弟"成立后,仅仅只是吃了顿饭,后来也没有实施过什么具体行为,特别是没有实施过任何违法行为。"十兄弟"既不是什么恶势力,也更不是今天所谓的黑社会性质组织的雏形,与本案没有任何关系。

关于李某某等20个常宁老乡算不算组织。李某某与在座的19个常宁人之间的联系:一是李某某与陈某红、陈某桂、李文某、周某军四人是亲戚关系,一起负责客运站的劳务工作;二是李某某与其他常宁人只是老乡关系,有时在一起喝茶聊天,有时在一起聚众赌博。除此,我们再也找不到他们的组织性。

李某某是组织、领导者吗?他除了混得相对好一点,在老乡中有一点影响力,给点面子一起赌博外,他领导谁? 他能够指挥谁?

这个组织有成文或不成文组织纪律、活动规约吗? 除了吴某刚等人信口开河说:加入李某某团伙,要经成员介绍,李某某观察同意后才能加入;帮规是不能在自己人开的赌场赌博,不准吸毒,吸毒就会不被重用,比如雷某因为吸毒就不被重用。首先,这真实吗? 涉案聚众赌博之处,被列为黑社会成员的哪个常宁人没有参与? 不都是在一起玩吗? 雷某怎么重用? 谁重用? 李某某又不发工资、奖金,又无权无势,他能给雷某什么? 事实上,雷某或者那个被重用的人得到了什么? 其次,这能算一个组织的纪律吗? 能够有约束力吗? 太儿戏了!

这一帮常宁老乡经常在一起玩、聚众赌博,李三人家族人员经营客运,娱乐、工作,确实人数较多,也较稳定,但他们不具有组织所要求的"严密性"。李某某对这些亲人老乡,没有任何控制力,没有组织纪律,没有活动规约,没有内部管理。同样,这些人谁对谁都没有控制性,仅仅只是因为是老乡。

另外,李某某与黄某英仅仅只是朋友外加债权债务关系。从起诉书所认定的事实,也可以看出,黄某英除了与村民存在民事纠纷时有一次要求李某某协助处理,和借钱给李某某外,我们找不到他们之间有什么相互勾结实施违约犯罪活动。难道相信媒体之前的报道,黄某英充当李某某的保护伞? 保护了李某某游击式的聚众赌博? 本案没有证据指向黄某英对此包庇、纵容或参与,起诉书也没有如此指控。李某某充当黄某英的打手? 除了起诉指控的两单不能成立的寻衅滋事外,李某某并没有为了黄某英殴打或杀害了谁。既如此,谈不上什么勾结,更谈不上一起组织!

2. 李某某等人没有经济实力,要么负债累累,要么在为温饱问题劳苦,不符合黑社会性质组织所要求的经济特征。

根据刑法所要求的经济特征,即犯罪组织有组织地通过违法犯罪活动或者其他手段获取经济利益，具有一定的经济实力，以支持该组织的活动。对此，最简单的理解：一是该组织有钱；二是将钱用于维系、发展该犯罪组织。可看看我们本案所谓的黑社会性质组织成员是个什么穷酸样。李某某聚众赌博，抽水或赚了钱后坐地分赃，放高利贷的资金来源于自己家或亲戚家房子抵押贷款，或向黄某英借款，赚取的利差，尚不足以弥补未收回本金的损失，至今仍负债累累！这些足以说明李某某没钱，所谓的组织更没钱。其他所谓组织的成员，都是些有一个吃一个，有上餐没下顿的农民工。何谈其有钱，何谈其发展呀?!

本案这个组织，钱都没有，更谈不上把钱用于维系、发展组织。这与黑社会所要求的通过违法犯罪活动获取一定的经济利益，具有一定经济实力，并且把大部分或全部用于维系组织的存在、发展、壮大，如支持组织继续实施违法犯罪活动，为组织寻求保护伞等等，乃天壤之别！

起诉指控的经济来源，与黑社会性质组织所要求的经济特征有本质区别，不能由此认定！

3. 李某某等人没有组织地实施违法犯罪活动，其中所涉犯罪均属个人犯罪，不符合有组织地多次实施违法犯罪活动的行为特征。

如果我们不认真读起诉书，真以为本案是一个黑社会，36个被告人，涉嫌8大罪名，有抢劫、故意伤害、寻衅滋事、非法持有枪枝弹药、敲诈勒索、开设赌场、职务侵占、贩卖毒品，具备了黑社会性质组织罪的行为特征，即违法犯罪具有暴力性和多样性，也具备了一切黑社会性质组织罪的暴力条件和经济条件。

但仔细看看起诉书，已经分成三类：一类是所谓的组织实施的犯罪，人数为22人，涉嫌罪名五个，但有1个人不是组织成员；二类是部分组织成员（个人）实施的犯罪，18个人，涉嫌四个罪名，但有9个人不是组织成员；三类是非组织成员实施的犯罪，5个人，涉嫌两个罪名。换言之，36个被告人中，有15个人，两个罪名不在黑社会性质组织罪的指控中。有近二分之一的人与所谓的组织无关,也有三分之一的罪名与组织无关,为什么还要堆在一个起诉书不分案呢? 难道只是为了像媒体报道一样,今天开庭审理了36人黑社会性质组织? 为广东"三打"再创奇功!

我们再仔细查阅卷宗材料,除了老乡们聚众赌博开设赌场罪名成立外,指控客运站收取劳务费的敲诈勒索罪,指控抢劫刘某义的抢劫罪,指控摆场闹事反被别人捅伤的寻衅滋事罪,指控捅伤后索要医药费的敲诈勒索罪,指控名门被保安欺负反抗打人的故意伤害等,均不能成立。

先不要说,犯罪必须是经组织、领导者策划、指挥或默认的,是为了组织的利益,先说说他们的犯罪行为在哪里? 找不到!

至于黄某英职务侵吞的款项,都扛回家了,没有无偿地供李某某使用,更没有用于其他常宁人身上。李某某参与协调黄某英等人与他人民事纠纷,黄某英给李某某钱了吗? 没有。仅仅只是作为朋友之间关心一下而已。李某某等常宁人聚众赌博、开设赌场,赢钱了,也都只是往家放。哪里有为了组织利益实施犯罪。至于名门事件,好像在保护老大李某某。事实上,无非就是陈某桂、雷某自己被保安打了,想出口恶气报复。他们的行为能救李某某吗? 李某某是跟警察在一起,被警察控制,打保安有用吗?

至于陈某桂、邓某国等人在常宁抢劫,李某某等人既不知情,也与其无关,更与所谓的组织无关,完全是个人犯罪行为。

这一系列事实,都说明能成立的犯罪,都属于个人犯罪,既没有组织,也不是为了什么组织利益,纯属个人犯罪。明显不符合黑社会性质组织罪所要求的有组织的实施一系列违法犯罪活动。

4. 本案不存在通过违法犯罪活动实现非法控制。

根据起诉书的指控,所谓的"非法控制",意指两个方面:一方面通过敲诈勒索和强行收购股权,达到对夏茅客运站等地广州至常宁客运班线的垄断经营,在该客运行业内产生非法控制;另一方面李某某与黄某英勾结，通过寻衅滋事等犯罪活动，在石井红星村等地区，称霸一方，产生重大影响。

根据本案的事实、证据，上述两方面所谓的"非法控制"根本不存在。具体理由如下：

(1) 客运线不存在违法犯罪活动，也不存在垄断经营

承上所述，李某某等人作为驻站人员和业务结算员，提供了维持秩序、结算票款等劳务工作，属于合理合法的劳动报酬。李某某等人没有实施任何殴打、恐吓、威胁车主的行为，不存在敲诈勒索罪的客观行为，不构成敲诈勒索罪。

至于强行收购股权问题，起诉意见书列明李某某等人强行收购罗某生股权，构成强迫交易罪，但英明的检察官发现证据不足，没有起诉指控该罪名。证据不足证实其构成犯罪，难道现有证据足以证实其违法？证明事实是否存在的标准应当是一致的，只能是有或没有。既然证明不了这回事，又怎能轻易指控是强行收购股权的违法行为呢？

关于垄断经营的问题，简单分析几组数据就不能成立。有 9 台车，李某某家仅在 4 台车上有股权，股权分别是 1/6、1/12、1/12、1/20。如果按数学公式计算，广州至常宁（仅限于夏茅站、罗冲围站，因为广州还有五六个站有车开往常宁）的股份仅占 4.3%。李某某两兄弟仅占 4.3% 的股权，这是垄断经营？！这到底是数学白痴，还是脱离生活常识的遐想！

(2) 没有也不可能在红星村称霸一方，造成恶劣影响

确切地讲，李某某等人石井红星村等地，确确实实聚众赌博开设赌场。但我们不得不承认，他们赌博的地方，仅限于山坡上、树林里、废猪舍里、士多店里等隐蔽的，见不得光的阴暗角落，秘密地、地下地、游击式地进行。也不得不承认，他们没有保护伞，不要说派出所最基层政权的保护，就连像梁某生这样可以放风的治保员，李某某都没有勾结上。聚

众赌博、开设赌场的小流氓行为,能对石井地区产生影响吗？我想没什么影响,更不可能达到非法控制所要求的重大影响。

至于李某某基于朋友关系,参与黄某英与他人的民事纠纷,即所谓的寻衅滋事。首先,前已论述,寻衅滋事罪,完全是颠倒的,真正应当承担责任的人并没有受到追究,反而受害人却成被告人。这是很荒唐的。不能据此认定实施犯罪行为。

其次,本案调查收集红星村村民的反映情况,缺乏客观性,极度不公平,没有客观收集证据,不能以此判断是否对村里产生恶劣影响。本案收集了包括被害人在内共23名红星村村民的言词证据,其中梁姓村民16人（梁树森除外）,其中有14名村民明确指出黄某英人品极差,村民认为他不行,与外地人李某某相互勾结,在乡里横行霸道。

但梁某秋、梁某基、黄某峰等人的证言,与上述梁姓村民的证言完全矛盾。具体如下:

梁某秋的证言:红星村的村民对黄某英的评价两极分化严重,且矛盾尖锐。换言之,其他村民对黄某英的评价极好,但本案并没有收集这些证据。

梁某基的证言:有些村干部对黄某英评价很差,有些村干部对他又评价很好。

问黄某峰:听群众讲黄某英勾结外地人在村里横行霸道的事情你知否？答:我真的不知道。

显而易见,红星村村民对于黄某英及李某某的看法,存在两极分化。不能仅凭与黄某英等人存在矛盾的人的证言,认定黄某英、李某某在红星村产生了重大影响而达到非法控制。

综上,本案所谓的黑社会性质组织,无论是组织特征、经济特征、行为特征,还是非法控制特征,很明显都不存在,不构成黑社会性质组织罪！

至于指控黑社会性质组织罪的证据,根据各被告人庭审供述,被告人侦查阶段关于帮会、规矩、老大、保镖等供述,均是公安机关编排写好让他们签字的。简言之,本案所谓的黑社会性质组织是编造的,根本不存在。

① 张某生在侦查阶段签字的 2011 年 7 月 11 日讯问笔录:我认为李某某这个人尖酸,生性多疑,心狠手辣,谁都不敢得罪他,如果要是有谁得罪他的话就被打。张某生庭审说这些都是公安机关编好让我签名的。

② 吴某刚在侦查阶段签字的 2011 年 7 月 18 日讯问笔录:2009 年通过张某生介绍认识李某某,经过李某某的观察才同意你加入李某某的帮会。并且说加入帮会,首先要帮会成员介绍,经李某某观察合不合适,等李某某同意后才加入。并且听张某生说团伙规距:不准在自己赌场赌钱,不能吸毒,有什么事要听指挥。吴某刚说这些都不是他说的,是公安写好让我签名的。

③ 贺某兰签字的 2011 年 9 月 25 日的讯问笔录:我认为李某某、李文某之所以能向客车老板收劳务费,是因为他们个个都有名气,是混黑道的,有很多手下,很有势力,客车司机和老板也不敢不给。不给他们就做不了生意。贺某兰当庭否认自己从来没有说过这样的话。

④ 刘某在侦查阶段签字的笔录:我是李某某的马仔,李某某关照我的赌场,我帮李某某摆过场、打过架。对此,刘某庭审阶段坚决否认,这是公安机关自己写上去或抄下来的,在过检时也强调过。

难道这就是黑社会? 就凭公安机关编好的几句类似于黑社会性质组织的话,就认定成黑社会?

◎本案需要警惕的几个问题

经过这几天的庭审,我们可以清晰地发现本案所谓的黑社会性质组织以及其他个人犯罪如上所论述均不能成立(除了赌博罪名)。对此,本案让我们深深地感到权力的可怕,尤其以下几个方面值得警惕:

① 公安机关编造报案材料,弄虚作假

特别要强调的是，本案相关证据确切地显示公安机关在编造报案材料，弄虚作假，虚构报案材料，且无正当理由不提供原件。这一问题让我们必须警惕这种编造案件的发展趋势。否则，我们每个人都有可能哪天就进去了。

② 社会基本关系很可能被打击成黑社会

承上所述，本案所谓的黑社会性质组织，仅仅只是常宁老乡，因为亲情、友情、老乡关系常有来往，就硬套成黑社会，认为他们人数较多，常有来往，成员基本固定。如果这样，在坐的各位都同样有着这样的黑社会性质组织。因为马克思都说过人之所以为人是因为与他人有一定的社会关系。出生地让我们有了同乡，姓氏让我们有了家族，学习让我们有了同学、校友，工作让我们有了同事。这一切，都是我们基本的社会关系。如果仅仅因为这种关系，认定成黑社会，我们都有可能被打成黑社会。所以，我们请求法庭能够对于本案这些常宁老乡是不是黑社会的判断，一方面围绕罪与非罪的法律边界准确区分；另一方面请警惕基本社会关系误被认定为黑社会性质组织的危害后果。

③ 事件缺乏公正处理，挑起社会的仇恨

对于梁某森、黄某雄与梁某强、梁某英因土地使用产生纠纷，现有证据已经查实，纠纷是梁某英引起的，并导致江某龙受伤。但我们今天却把被害人作为被告人，把责任人作为被害人来处理。我坚信不需多长时间，梁某英也将被追究责任，而这时江某龙、黄某雄、黄某英等人又将转换成被害人。作为司法机关在处理这些问题时，不能公正处理，只会挑起人民内部之间的仇恨。这与司法应维护社会正义根本目的相背离。

（3）理性和良知的缺失

"三打"之前，有很多非暴力性犯罪，我们欣喜地看到，司法呈现出加大"非监禁刑"适用力度，甚至要求实现一定的硬性指标，闪耀着人性的光芒。但看看我们今天的司法，只要是能与有关人员犯罪搭上边的，无限的扩大共同犯罪的边界，使得多少仅仅在家带孩子的妇女，仅仅为了1 000～2 000元生活费而劳苦工作的打工仔，都被羁押，甚至最后被无故判决较长时间的刑罚。特别本案是三对夫妻双方同时被羁押，都有几个未成年的小孩子无人照顾。这一场运动与当年"文革"本质的区别在于坐在被告席的人还知道亲情，都在保护自己的亲人。

但对于这一切，我相信不只是我们律师感到权力的恐怖和良心的煎熬，同为法律人的公诉人和法官，我相信也会一样。

我也相信在座的各位不会因为这是公安部督办的案件，而让我们失去理性、失去良知。

所以，最后我想以中山市第一人民法院法官的宣誓词作为我辩护词结束语，以表达我对法庭、法官及公诉人的致敬和期待：

宣誓词：坚决忠于宪法和法律，恪守职业道德，切实履行职责，依法律、理性和良心认定证据、作出裁判，公正廉洁司法，维护社会正义，捍卫法律尊严。（详见2012年8月3日《南方都市报》）

◎判决结果

法院依法认定李某某犯组织、领导黑社会性质组织罪，判处有期徒刑八年，并没收个人财产一百万元。

李某某等人敲诈勒索案

◎起诉指控

2004 年 12 月至 2011 年 6 月,被告人李某某、李文某为了获取非法利益,先后纠集被告人谭某成、周某军、周志某、周某元等人,在夏茅客运站以殴打、威胁、恐吓手段,强行向该客运站经营广州至常宁路线的多辆客车车主收取每辆车售票额 4‰～12‰ 不等的保护费,共计 1 407 322.16 元。

◎一审辩护词

辩 护 词

李文某等担任驻站人员和业务结算员及提供了劳务有《进站合同》、《站场管理规定》、《委托协议》等书证顺通公司、夏茅客运站等工作人员及车主的证言证实;仅凭个别车主的言词孤证,指控敲诈勒索,欺行霸市。

荒唐!冤枉!

关于起诉指控李某某等人为获取非法利益,在夏茅客运站以殴打、威胁、恐吓等手段,强行收取每辆车售票额 4‰～12‰ 不等的保护费构成敲诈勒索罪,与客观事实严重不符,指控不当。李某某等人作为驻站人员、业务结算员,提供了维持秩序、结算票款等劳务工作,属于合理合法的劳动报酬。李某某等人没有实施任何殴打、恐吓、威胁车主的行为,不存在敲诈勒索罪的客观行为,不构成敲诈勒索罪。

一、李某某等人向车主收取的是其应得的劳动报酬。

本案以下事实、证据,可以充分证实,李某某、李文某等人是依照客运站场的管理要求,作为班车方驻站人员,在客运站场引导客车进站,维持上车秩序,按照车票座号让乘客对号入座,清点人数,为结算提供依据并负责结算等工作。李文某等人确确实实提供了劳务,其向车主收取的费用均属于合理的劳务费。

1. 客运站场的《进站合同》、《站场管理规定》均规定班车方必须有驻站人员、费用结算人,负责班车进站、报班、上客、结算等工作。

(1) 广州市交通站场建设管理中心夏茅客运站《营运班车进站经营合同》(李某某罪证材料5~8卷均有相关书证)

2.3.5 乙方班车报班必须出具……《进站证》、《安检合格通知书》……到调度室报班。(班车每天必须履行安检、报班等程序,而这些程序事项均由驻站人员完成。)

6.6 乙方班车司乘人员及驻站人员必须遵守甲方《站场管理规定》的各项条款……积极配合交通主管部门和甲方做好旅客投诉的处理工作。(显然,根据合同约定,客运站场要求班车运营方必须配备驻站人员。)

9.1 ……凭经双方签认的甲方结算单为依据。所有结算凭证遗失不再补办。(结算在整个运营过程中,是能否实现利益的关键环节。)

10.4 乙方人员签署本合同和办理相关费用结算时,应取得合法授权,甲方仅对《授权委托书》的被授权人办理结算业务。(根据合同约定,班车方应当委托专门的费用结算人。)

对于上述条款及要求,广州罗冲围客运站有限公司《营运班车进站经营合同》均有相同或类似规定。

(2)《班车营运及站场管理规定》(李某某罪证材料5~8卷均有相关

书证)

班车停班：① 报停一天的班车必须在发班时间前 24 小时打电话到调度室报停……并到调度室办理有关顶班手续……报停三天以上的班车，必须提前两天报停，并补交报停申请……② 报停一个月的班车必须提前三天递交申请报告……(简言之，班车日常的停班、报班工作均需要驻站人员与客运站场沟通完成。)

班车误班：③ 班车(晚点)……必须在发班时间前 1 小时电话通知我站调度人员……班车因特殊原因晚点，都必须与调度室作好沟通工作。

站场管理规定：① 凡进入本站场经营的班车、驻站及司乘人员，必须自觉服从站场管理人员的指挥……(驻站人员是站场管理规定要求必须配备的工作人员。)

⑪ 营运车辆必须在指定区域落客和装卸行李、行包，并劝阻旅客不要进入车场或在车旁逗留，违者每次处以违约金 50～200 元。(显然，旅客上、下车及装卸物品的秩序必须由班车方负责，而工作的实施正是由驻站人员完成的)。

⑲ 营运班车……进入或离开卡位时要有人指挥……违者处以违约金 50 元。(班车进站的倒车等必须有人指挥，该工作均由驻站人员完成。)

㉔ 班车驻站、司乘人员对我站的管理有批评、建议、申诉权。(因司乘人员在客运站时间较少，主要是驻站人员负责与客运站场协调沟通。)

㉕ 班车驻站、司乘人员应协助维持车站的治安秩序，对旅客违法乱纪行为有管理、检举权。(显然易见，班车方必须配备驻站人员，与客运站场共同维持旅客秩序。)

对于上述关于必须配备驻站人员及工作要求，广州罗冲围客运站有限公司《站场管理制度》也有相同规定。另外，罗冲围《站场管理制度》以下条款，对于工作要求更为具体和高标准：

① 本制度适应于……班车和班车司机、乘务员及驻站人员(下统称为

司乘人员）

④ 班车必须服从调度的安排，司乘人员必须按客票座位号给旅客对号入座。（安排旅客入座，维持车厢内秩序，显然是班车驻站人员的工作。）

⑧ 班车在站场内倒车，必须有司乘人员指挥，如因无人指挥导致发生事故的，乙方须承担全部责任。

由此可见，根据客运站场与班车方的进站合同以及站场管理规定，站场方只负责售票至检票期间的工作；检票后，旅客如何上车、如何就座、车厢秩序、旅客进站后如何下车，以及车辆如何进站，如何与调度室协调报班、调班，如何与客运站结算等等，均属于班车方的责任。而这些事项均需班车方派驻人员驻站完成。这些人就是李文某等人，这些工作正是他们完成的。

2. 李文某等人通过与班车公司或班车车主协商，担任驻站人员或业务结算员，合法有效。

关于李文某如何取得驻站人员或业务结算员的资格，侦查机关收集了顺通公司总经理刘某民的证言，以及9台车22名车主的陈述，以及辩护人提交的《委托代理协议》。这些证据能够充分证实，李文某等人取得授权合法有效，不存在任何威胁、胁迫等不法方式取得授权。

历年的《委托代理协议》，均明确载明自2005年9月15日直至案发，常宁市顺通客运有限公司一直委托李文某负责广州市夏茅客运站配客业务及组织客源工作，并按站场规定时间，交纳站场各种费用。并要求李文某必须办理好正常站务业务，保障甲方与该站正常的业务关系和权益。（李某某罪证材料5~8卷均有相关书证。）

顺通公司总经理刘某民的证言：李文某等人没有向我或公司提出过一定要让他做被委托人去负责结算。（李某某罪证材料3。）

由此可见，李文某取得顺通公司的授权，完全是合法的，不存在任何威胁、胁迫等不法方式取得授权。

李文某辩护人提交的与其他车主签订的《合同》,也均证实了李文某与各车主协商取得担任驻站人员的合法授权。

至于22名车主的陈述,可以明显划分为三类:

第一类是直接说明李文某等人没有实施殴打或砸车等行为,且收费合理。例如吴某发的陈述:常宁至东莞、深圳、中山等班车均存在,有的地方还要收取25%,对于李文某他们收费,没有任何看法(认为合理)(李某某罪证材料2);周某峰的陈述:他们没有打过我,也没有砸车;顾某华的陈述:他们没有直接恐吓过我(李某某罪证材料3);郭某华的陈述:我认为李文某他们收取费用具有合理性(李某某罪证材料2)。

第二类是有具体的殴打、威胁的指控。邓某清、罗某生、梁某生、刘某生四名车主提到被李某某等人殴打、威胁过。对于这四个人是否被李某某等人殴打、威胁,本辩护人在下一部分详细论述。这些指控纯属无稽之谈!要么不存在,要么与李某某等人根本就扯不上任何关系。

第三类关于李某某等人强势、又很凶,是黑道上的人,如果不交,生意就没办法做等均无任何实际内容的陈述。对于该类陈述,因没有任何具体事项,也没有任何证据印证证实其陈述的真实性,不得作为证据使用。

至于公诉人认为这些都是各车主看到李某某等人的行为而产生了这种想法,内心恐惧不自愿交付财物,可以作为证据使用。这种论述逻辑颠倒,出示各车主的陈述,应当证实李某某实施了什么行为,由此导致了内心的恐惧,但公诉人却以车主内心的恐惧证实李某某实施了恐吓行为。这是非常荒谬的!

另外,根据本案材料反映,九台车涉及79名股东或车主,还有57名车主并没有报案,如果存在被敲诈勒索,其应会作为被害人报案。但本案并不能找到这些证据。

这是一起没有被害人报案的敲诈勒索罪!

综上比较,班车管理方证实李文某等人取得授权系合法的;班车车主中,有人认为李文某等人提供劳务取得报酬合法合理,有人认为李文某等人从未对其实施过殴打、恐吓等不法行为,并据此谋取授权获取非法利益。为什么同为班车的有些车主,不顾驻站人员客观存在的事实,颠倒是非,说李文某等人对其实施殴打,强行收取劳务费?原因不必深究,我们只需明白,仅仅依据这些车主一个人的陈述,绝对不能认定。否则,每个人都极易被人冤枉!

3. 李文某等人履行了驻站人员和结算业务员职责,确确实实提供了劳务。

根据夏茅客运站赵某丽、黄某娣的证言,以及常宁顺通公司总经理刘某民的证言,充分证实了顺通公司委托李文某,代表顺通公司与夏茅客运站进行业务结算。对此,阳某成、梁某生、顾某华等车主也均陈述李文某确确实实提供了结算工作的劳务。

根据被告人李文某、周某军、周志某、贺某兰在侦查阶段以及庭审的供述,他们确实每天都按时到客运站场为班车报班、清点人数、维持旅客秩序等工作。李文某等也专门租赁了溶心村店面,为乘客上车提供候车场地。关于李文某等人确确实实提供的劳务,车主邓某清、罗某生、顾美某以及梁某生等人虽陈述否认李文某等人清点人数等工作的意义,但也均承认李文某等人确实每天都会到客运站清点人数等事实。即如此,就证实了李文某等人确确实实提供了劳务工作的事实。

4. 李某某等人收取的劳务费合情合理。

承上所述,客车方必须派驻驻站人员在客运站场负责与调度室协调报班等手续,指挥班车入卡发车,清点人数对号入座,维持车厢秩序,代表客车方与站场结算等工作。对于驻站人员及结算人员的劳务费率,一方面取决于车主或客运公司与担任驻站人员的协商;另一方面该费率也有一定的行规。根据在案证人吴某发的证言及李文某的供述,可以查实,李文某等收取的费率与中山、东莞等地至常宁客运线所收取的劳务费率相对较低,本案收取的劳务费率合情合理。具体证据如下:

证人吴某发的证言:常宁至东莞、深圳、中山等班车均存在管理费,有的地方还要收取票款的 25%,对于李文某他们收费,没有任何看法。(李某某罪证材料 2)

李文某的当庭供述:东莞、深圳等地至常宁的班车费取的劳务费率一般在 20% 至 25%,我们在夏茅客运站、罗冲围客运站收取的劳务费率相对较低。

综上所述,根据客运站场与班车所属公司之间合同以及站场管理规定,班车方必须有驻站人员和业务结算员,负责班车进站指挥,与调度室沟通,清点旅客人数,维持旅客上车及车厢秩序,以及业务结算。李文某等人根据与运输公司或者与车主协商的约定,担任驻站人员或业务结算员,并实实在在履行职责,提供了劳务。且收取的劳务费也没有过高,合情合理。李文某等人据此收取的每分钱,都是其劳动付出所得,是劳动报酬!

二、李某某等人没有实施任何殴打、恐吓、威胁车主的行为,不存在敲诈勒索罪的客观行为,不构成敲诈勒索罪。

根据敲诈勒索罪的构造,行为人必须以威胁或要挟的方法,使财物所有人或管理人精神上受到强制,心理上陷入恐惧,被迫交出财物或放弃财物的占有,从而强行占有财物。

就本案而言,要证实李某某等人构成敲诈勒索罪,必须提供充分的证据证实李某某等人对车主实施殴打、威胁、恐吓的行为。承上所分析,今天庭审出示的 22 名车主的陈述,关于殴打、威胁、恐吓车主的具体事项,只涉及 4 名车主。至于该 4 名车主是否被李某某等人殴打等行为,本辩护人认为,事实不清,证据不足,不能成立。具体理由如下:

1. 关于邓某清被殴打恐吓的事件。

根据邓某清的陈述，指向李某某等人恐吓其的事项：一是 2006 年 10 月份，李某某的两个手下就上到我车，什么话也没说就打了我头部一拳；二是 2009 年 10 月份，陈某贵的表弟等三人，不买票强行坐车回常宁；三是 2009 年 6 月，邓某清和罗某生打算去永泰客运站配客，遭到李某某、李文某的恐吓，罗某生因此事还在常宁被打。

关于 2006 年 10 月两人殴打邓某清事件，在案证据不足以证实曾经发生过，即使发生过也与李某某无关。

首先，邓某清的证言本身相互矛盾。① 事件起因。邓某清在 2011 年 7 月 12 日询问笔录中说：李某某的两个手下就上到我的车，什么话也没说就打了我头部一拳。显然，邓某清认为这二人无故殴打他。但其 2011 年 10 月 13 日询问笔录中又说：问他们去哪里，其中一个人说去常宁，我就说车已满座，你们上车就是超载，而且你们也没有买票，结果还没说完，他们二人就开始打我。这次明显是因为邓某清不让他们坐车引起矛盾而被殴打。邓某清的证言关于为什么有二人殴打他的原因，前后矛盾。② 邓某清被殴打后，到底是李某某，还是李文某来了，也存在矛盾。在 2011 年 7 月 12 日、2011 年 10 月 13 日询问笔录中说，是李某某来了，说了那二个人；但其在 2011 年 7 月 28 日的笔录中又说是李文某和"现古"两个人过来处理的。

其次，邓某清的证言及辨认笔录指认殴打他的其中一个人是谭某成。但谭某成当庭否认，不认识邓某清，也从来没有伙同他人殴打过邓某清。而且，2006 年都还不认识李某某，何谈成了李某某的手下了呢？

关于邓某清 2006 年 10 月是否被人殴打，因邓某清本身的证言相互矛盾，且与在案其他证据相互矛盾，不能认定。

另外，即使结合尹某林的证言，认定邓某清曾经被人殴打过，也不能认定该事件与李某某有关。首先，邓某清的证言，自始至终只是说被李某某两个手下殴打,但并没有说是李某某指使这两个手下殴打他;其次,根据邓某清在 2011 年 10 月 13 日的陈述,邓某清被两个手下打了一拳,到底是因为坐霸王车不给钱,或者是专门惹事找他麻烦,还是上车清点他车上的人数?邓某清自己对具体原因都不清楚。到底是什么原因被打都没弄清楚,凭什么指控李某某指使他人殴打邓某清呢?最后,谭某成是 2009 年通过陈某桂才认识李某某,谭某成二人想坐霸王车回常宁的流氓行为,与李某某也没有关系。

关于陈某贵的表弟等三人坐霸王车不给钱的事件,无论该事件是否客观存在,都很明显与李某某、李文某等人没有任何关系。

在此,必须强调,不能因为李某某是常宁人,就要对一些常宁人坐霸王车不给钱的事负责。这也是整个案件必须坚持的原则:不能因为李某某是常宁人,就把常宁人涉嫌的罪行统统堆加在一起,认定跟李某某有关,李某某要承担责任,并强行认定成黑社会。

关于邓某清、罗某生去永泰客运站配客是否被李某某、李文某恐吓。

本辩护人认为,虽然邓某清、罗某生均提到过该事件,但两人的陈述相互矛盾。首先,发生的时间矛盾。邓某清说是 2009 年 6 月,但罗某生说是 2010 年 8 月。相差一年多时间。其次,如何恐吓的相互矛盾。根据邓某清的说法,李某某、李文某对其与罗某生同时说,不经过他们同意,不允许去配客,否则不让其做生意。但根据罗某生的说法,李某某、李文某并没有直接恐吓他,而是听邓某清说他们不允许配客。到底是同时恐吓,还是只恐吓了邓某清?

对于该事件,李某某都不知道。李文某坚决否认曾恐吓过邓某清和罗某生。

至此,邓某清、罗某生的陈述,本身属于言词证据,虚假性较强,又无其他证据印证该事件,两者本身又相互矛盾,且与李文某等人的供述相互矛盾,不能据此认定该事件存在。

2. 关于罗某生是否被李某某等人殴打事件。

根据罗某生的陈述,关于罗某生被李某某等人殴打、恐吓所涉事件有二:

一是 2010 年 8 月 8 日,罗某生和刘某勇开车回到常宁被十多名男青年殴打。但是罗某生为什么被这十多名男青年殴打? 这些男青年是什么人? 根据罗某生的陈述:十多名男青年没有说为什么打他,晚上没看清殴打他的人。罗某生既然都不知道是谁打他,为什么打他,其凭什么得出就是李某某等人殴打他呢? 难道这种推测也能作为证据? 根据证人规则,罗某生的陈述不具备证据资格。

对于该事件,刘某勇作为被害人,并没有提供证据。除此之外,本案没有任何直接证据印证该事实的存在。因此,该事件不能认定,不存在!

二是关于胡某来代表李某某等人威胁罗某生。起诉意见书指控李某某等人收购罗某生股权构成强迫交易,但似乎因胡某来的证据无法收集或本已收集但不存在威胁的行为,而放弃指控。既然起诉指控都已放弃,也不能作为敲诈勒索罪予以指控。

综上,本案就不存在李某某等人殴打、恐吓罗某生的事实。

3. 关于梁某生是否被李文某等人殴打。

根据在案证据,指向该事件的直接证据只有梁某生的供述,间接证据有李某林、周某群的证言。

梁某生在 2011 年 7 月 11 日询问笔录中说:2007 年某一天……上午 8 时 30 分许,我在车上准备发车,见到李文某带了三四个青年男子冲上车,李文某没说一句话就冲过来,用拳头打我的头部,我的头被他打了三四下,司机贺某荣也被他的手下追打,被踢了几脚,我们逃到客运站办公楼找一个姓陈的经理反映情况,他也说没办法。

根据梁某生的证言,殴打的人有李文某及其三四个青年人,被殴打的人有梁某生和贺某荣两个人。殴打的地点由客车上追打至客运站办公楼。殴打时间,从殴打过程判断,应该有一个相对较长的时间。但与李某林的证言:"听说梁某生在客运站里面被李文某打了,我就走进客运站想看看怎么回事,正好碰到李文某从客运站大厅走出来,梁某生和贺某荣就站在车站检票口",相比存在以下疑问:

如果李文某是四五人殴打梁某生,怎么会只是李文某一个人从客运站大厅走出去呢?还有三四个凶手呢?

如果梁某生真的被殴打跑到办公楼去反映情况,李某林怎么会看到李文某的同时,还看到梁某生、贺某荣就站在不远处的检票口呢?而不是在办公楼找陈姓经理反映情况呢?

如果梁某生真的被打,曾向夏茅客运站反映过该情况,为什么夏茅客运上至总经理、站长,下至普通管理人员,均反映夏茅客运站秩序良好,从未听说有人反映车主被人殴打,也从未听说有人在其站内收保护费?

如果李文某真的殴打了梁某生、贺某荣,为什么没有调取被害人贺某荣的证言?为什么不让梁某生辨认其他三四个年轻凶手?

这些疑问足以说明不存在李文某殴打梁某生的事实。从证据角度来讲,直接证据只有梁某生一个人的说法,没有任何其他证据印证补强,且与李文某的供述相矛盾,不能认定该事件存在。

4. 关于刘某生是否被周某军殴打的事件。

关于刘某生是否被周某军殴打,只有刘某生在 2011 年 7 月 12 日询问笔录中说到:2009 年 7 月 11、12 日晚上 20 时 40 分左右,我开粤A97695 途经平山高速路口时……我的车一停打开门时,李某某的外甥开着一台摩托车搭着一个人,他的外甥连摩托车都还没停稳,就用手指着我说"下来……"然后用手打了有三巴掌,又用拳头打了我几拳,当时他说不准在这里上客。为此,自那以后,又要每个月另交在外面上客费用500元。

刘某生的说法显然不能成立。首先，同车股东邓某清等人从未说过要向李某某等人交外面上客费用500元，李文某等人的供述，也不存在收取什么外面上客费用500元事。其次，周某军否认曾发生过这种事情，其没有必要开着摩托车到高速路口，也不可能到高速路口去。最后，如果真有此事，为何没有其他证人证实，或报警。种种可疑之处，表明刘某生的说法不合常理，也没有证据印证，不存在周某军殴打刘某生的事实。

夏茅客运站

没有暴力！

没有威胁！

李文某等人根据授权，确确实实提供了劳务！

据此收取的每一分钱，是合法的劳动报酬！

指控李文某等人构成敲诈勒索罪不能成立！

◎判决结果

法院依法认定李某某犯敲诈勒索罪，判处有期徒刑四年，并处罚金两万元。

胡某某正当防卫案

◎起诉指控

被告人胡某某于 2009 年 1 月 15 日零时许与胡某亮在本区钟村镇石壁三村石韦路万家兴超市门口做烧烤生意时与被害人梁某文、郭某超、李某得因琐事发生争执,后双方发生打斗,期间,被告人胡某某持刀刺伤三被害人,检察院认为,被告人胡某某无视国家法律,故意伤害他人身体,致一人轻伤,其行为已构成故意伤害罪。

◎案件历程

本案虽然是一起不起眼的普通案件,但在经手该案件过程中,有两点让我感觉深刻:

一是作为辩护律师对待家境贫寒的人,必须有怜悯之心。本案被告人胡某某,系在外务工的农民工,妻子常年卧病在床,家有五个老人,膝下有未成年的一对儿女,八个人全靠胡某某打工维持。所以,胡某某白天上班,晚上与其堂哥卖烧烤,维持生计。案发后,当胡某某亲友找到师傅文超时,师傅毫不犹豫担任他的辩护律师,为其提供法律援助,无私地帮助他。师傅的言传身教,让我明白,作为一个优秀的辩护律师,对当事人始终保持一颗怜悯之心,痛当事人之所痛,想当事人之所想,是很有必要的。也只有如此,辩护律师才能保持刑辩之热情,履行刑辩之责任。

二是对正当防卫的理解。司法实践中,对正当防卫的认定,一直有两大难题,一个是界限问题,另一个是证据问题。关于界定问题,本律师将最高人民法院公布的关于正当防卫的案例都进行了系统性收集,有了深刻认识。而关于证据问题,作为辩护律师来讲,只能说尽早介入案件,为当事人提供法律指导,避免侦查阶段侦查人员"入罪"思维,诱导当事人作不利供述。比如说邓某某故意伤害案,本来邓某某是迫于无奈,拿起菜刀挡着行凶人的椅子,将行凶人的手划出10.8厘米的轻伤。但警察却在讯问中引导当事人,将"挡"说成"砍",由被动变为主动,等律师再介入时,已百口莫辩。除了此问题外,正当防卫案件,最好有第三者证词证实,否则,很难认定。

此外,本案庭审及判决有一个很不妥的地方就是将被告人不同意其辩护律师无罪辩护意见作为从轻量刑的理由。这种做法几乎成为现有司法实践的普遍现象,这也是中国刑辩必须把握的规律。

当有些案件,根据法律规定为无罪,但司法实践判决无罪难于上青天;而从当事人最大利益视角出发,就是尽快获取自由,要么坐多久判多久,要么缓刑,而这些从轻处理必须以认罪为前提。为了保全法律上的应得利益和现实中的可得利益,于是辩护策略上就出现辩护律师与被告人分离的情形:辩护律师作无罪辩护,被告人却说:我不懂法,法院判我有罪我就认罪;我不知道自己到底是不是犯罪,反正做的事我都认了。而本案审判长在胡某某说出这些太极招式时,仍不罢休,一定要胡某某表态,同不同意辩护律师的辩护意见,并且明确说如果同意就是不认罪,不同意就是认罪。没办法,被告人只能拿出最后绝招:认罪,不同意辩护律师的辩护意见。

◎一审辩护词

辩 护 词

尊敬的审判长、人民陪审员:

广东南方福瑞德律师事务所接受被告人胡某某的委托,指派我担任其辩护人。现发表辩护意见如下:

辩护人认为根据法庭调查的证据完全可以认定胡某某的行为是正当防卫，指控其故意伤害罪不能成立。

一、本案的真实案情。

经过庭审调查现有证据可以确定下列案情事实：

梁某文、郭某超、李某得三人吃完烧烤，梁某文、李某得两个人争着"买单"，梁某文因胡某亮收李某得的钱未收自己的钱而不满，辱骂胡某亮，然后梁某文等三人气势汹汹地向胡某亮走去，胡某亮看到其三人走过来要打他，随手拿起烧烤用的两把刀欲阻吓他们，梁某文等遂没有过去。胡某某见状，怕刀伤到人，上前劝阻并把胡某亮手上的刀拿下。当胡某亮放下刀并开始收拾东西，梁某文、郭某超、李某得三人一起突然冲过去对胡某亮拳打脚踢，并将胡某亮打倒在地。此时，被告人胡某某见状，就过去劝阻他们，对方三人又对胡某某进行殴打，胡某某遂拿着烧烤台上的一把刀在手上挥来挥去，刺伤了对方三人。

上述事实有胡某某六次稳定的供述和辩解、亲笔供词以及庭审的供述；证人胡某亮被羁押期间五次稳定的"供述"和"辩解"及其亲笔供词；证人陈某清的相关证言；以及在案的勘验、检查笔录能与上述言词证据相吻合，可以证实。陈某清的证言："看到吃烧烤的顾客那方有一个人拿了一把塑料凳子在打……""吃烘烤的三个人体型都有点胖，身高约168 cm，那两个档主身高约155 cm，体型偏瘦"。

而本案三受害人对案件事实的陈述相互矛盾，多处不合常理。

1. 关于事情起因。

梁某文说："吃完之后李某得付了钱……鸡爪不够熟，得再烧下才能吃"，要求再烤被拒绝，遂骂人，导致双方争吵。

李某得说："付钱之后……不知道因为什么事发生起了争吵"。

郭某超称："梁某文、李某得抢着给钱结账……听梁某文说老板说话冲,双方就拉扯起来"。

显然,在关于事情的起因上,三受害人的陈述相互矛盾。在事情起因上,三人一致称都付了钱(即结账后),这一点与被告人胡某某、证人胡某亮的证言一致。但吃完付了钱,还要求对方将不熟的鸡爪再烧,这显然是不符合逻辑,也不符合常理,而且这一说法并未得到包括另两名被害人的陈述印证。与胡某某、胡某亮的说法不一致。因此,在事情的起因上胡某某、胡某亮的说法为真,三被害人之陈述为假。

2. 关于哪一方先动手打人。

梁某文称:"档口的两个老板就动手打人了,先是用塑料凳打了郭某超一下,然后我们就动手打架了"。

郭某超称:"(老板)口里还喃喃地说几句话,我听得不是很清楚,梁某文就对着老板说'你说话不要那么冲',于是双方就拉扯起来"。并没有说被对方先用塑料凳打的事实。

李某得称:"档口老板就先动手打人了……我喝多了酒,不记得是先打梁某文还是郭某超了"。

梁某文称被告人一方用塑料凳先打了郭某超。郭某超陈述中并未挨塑料凳打,也没有说被告人一方先动手。反而证人陈某清证实是吃烧烤的一方拿了凳子在打。李某得声称对方先动手打了梁某文或者郭某超,但梁某文、郭某超两人都没有陈述自己先被打,而且,李某得喝多了记不起具体细节。从三受害人陈述本身的不一致来看不足采信,且与证人和被告人的供述相反。从常理来看,两个 155 cm 左右的瘦小个子男子面对三个 168 cm 以上的大汉,胡某亮先动手挑起打斗符合常理吗?从事后查证的事实来看,胡某亮在整个过程中只是被挨打而未动手打过人。从胡某亮不被批准逮捕获释放足可证明。

3. 被害人一方几个人参与打架。

梁某文说："(问：你当时有否打对方？)当那两人先动手打郭某超之后，双方就发生了打架，我也动手打了对方。是用拳脚打对方的后背的"，"(问：郭某超和李某得有否动手打人？)被打后我们三个人都还手了，不过都是徒手和对方打架"。

李某得："当时我没有动手，只是看见梁某文、郭某超和对方打架，我是上前将双方分开"。"对方打人后，我们这边也还手和对方打架"。

郭某超："我看见了就过去想拉开他们"。

从三受害人陈述本身完全可以断定三人都参与了"打架"，相比弱小的胡某亮，可谓是人多势众。

通过对上述证据的综合分析，被告人胡某某、证人胡某亮对事情经过的陈述是能够认定的。因为作为被告一方提出的抗辩已经形成合理怀疑，并且证明程度已达到优势证据的标准。

二、本案不存在互殴。

区分正当防卫和互殴的关键在于有无防卫意图。所谓防卫意图，是指防卫人在实施防卫行为时对其防卫行为以及行为的结果所具有的心理态度。防卫意图包括防卫认识和防卫目的两方面内容。概括地说，防卫认识的基本内容是认识侵害合法权益的不法侵害的存在和合法权益正在进行的不法侵害的危害，并确定不法侵害人。防卫目的，正当防卫要求必须以保护合法权益，制止不法侵害为目的。（附件1）

也就是说，认识到正在进行不法侵害的行为存在及其危害性，并确定不法侵害人，以保护合法权益，制止不法侵害为目的的行为是正当防卫行为。具有防卫目的的行为是正当防卫，否则是互殴。

具体到本案，胡某亮的行为有防卫意图，是防卫准备，不是挑衅，更不是互殴。

如前一所述,被害人之一梁某文因结账收了李某得的钱而未收自己的之故,一边辱骂胡某亮,一边与其他二人气势汹汹地向胡某亮走去。梁某文确实意欲殴打胡某亮的威胁已经现实存在。当人身安全受到现实威胁,胡某亮退后、拿起烧烤用的刀具,是本能的反应,其目的是要阻止对方攻击、殴打自己。这从胡某亮并未主动攻击,威胁暂时解除后主动放下刀,之后突然被三个人殴打也没有任何反击行为完全可以判断胡某亮拿刀的行为并无非法侵害他人的意图,只是一种合法的防卫准备。退一步说,即使现有证据难以界定胡某亮的拿刀行为是为了防卫还是斗殴,我们也应当根据刑法弘扬正义、去恶扬善的价值取向,作出有利于胡某亮的推定。胡某亮为人一贯忠厚老实,个子瘦小,势单力薄,处于弱势地位。而梁某文、郭某超、李某得年轻力壮,酗酒逞强,无端谩骂。面对人多势众、气势汹汹的恶意寻衅、危害步步紧逼,拿起身边的刀,是自然的反应,不应该有过度的苛求和限制。因此,胡某亮拿刀是为了防卫,不构成挑衅,更不是互殴。

根据正当防卫的理论和司法实践,为预防不法侵害的发生携带防范性工具(包括刀具),不能阻却其在遭遇不法侵害时运用该工具实施的防卫行为成立正当防卫。(附件2)即使是互殴,互殴结束以后,一方实施不法侵害,仍不能阻却针对不法侵害行为实施防卫行为成立。(附件3)

现有证据表明胡某亮的拿刀行为是为了阻止(吓退)对方攻击的现实威胁,以免自己遭受侵害。而且对方三人被胡某某刺伤是在该行为已经结束之后发生的。退一步说,即使胡某亮拿了刀,且假设其主观上有种逞能、殴斗的故意,但其放下刀去做其他事情,说明该意志支配下的行为已经结束。只要殴斗的行为结束了,一方再实施不法侵害,针对该不法侵害行为实施的防卫行为仍可成立正当防卫。

三、胡某某的行为符合正当防卫的全部条件。

1. 梁某文等三人实施了不法侵害行为。

梁某文等三人对胡某亮进行殴打,并将其打倒在地,该行为构成不法侵害。

2. 胡某某刺伤被害人时,正是梁某文等三人对胡某亮及胡某某实施殴打的不法侵害正在进行之时。

3. 胡某某主观上是出于防卫意图。

由于胡某某在场观察到事情的整个过程,认识到不法侵害的存在及危害,出于保护其哥哥胡某亮和自己的人身免受危害,防御、制止不法侵害的目的,手里拿着刀"挥来挥去(舞动)",而刺伤对方。

胡某某始终供述,主观上是为了劝、拦对方三受害人殴打其哥哥胡某亮,是为了防卫。事实也表明,在胡某亮挨骂,对方欲冲上去打胡某亮一直到胡某亮被打倒在地之前的阶段,被告人胡某某一直未有任何的激化矛盾、主动攻击的行为和意图,反而是一而再、再而三地劝阻,防止事态的扩大。在三受害人停止攻击后,胡某某并没有拿刀主动出击,也未连续出击,而是打 120 救人,叫人打电话报警。这反映了其主观上是出于防卫意图而排除了非法侵害意图存在的可能。

4. 胡某某针对的是不法侵害实施人。

在案证据证实,是梁某文、郭某超、李某得三人共同实施对胡某亮、胡某某殴打的不法侵害。尤其是梁某文殴打胡某亮的证据是高度一致的。

5. 没有明显超过必要限度。

本案梁某文为轻伤,郭某超、李某得为轻微伤。正当防卫的理论和司法实践表明,正当防卫致不法侵害人轻伤不负刑事责任,即正当防卫致不法侵害人轻伤的没有明显超过必要限度。(附件4)

尊敬的审判长、人民陪审员:作为一个家庭十分贫困、家庭负担十分重的被告人,为了生计,深夜仍在摆一个烧烤摊,目的是为了挣几个小钱,而不是找客人执气、与客人过不去。此点对考察本案的起因也是一个不能忽视的因素。还有,从当时的环境、双方人员、身材对比来看,一边是喝了很多酒的三个人,一边是忙于生意的两个身材瘦小、仅155 cm的小个子(1970 年、1966 年出生),与三个身材高大的汉子(1982 年、1985年、1973 年出生)比较,从一般正常人的心理分析,谁弱谁强,谁有胆敢张狂,谁只能示弱……总之,无论是按严格的法律规定,还是常理常识分析判断都无不表明,本案胡某某的行为属于正当防卫!请求法庭明察,公正判决!

此致

番禺区人民法院

广东南方福瑞德律师事务所

律师:

年　　月　　日

◎判决结果

上午宣判,下午放人。

廖某某强奸无罪案

◎起诉指控

2009 年 5 月至 2010 年 4 月间,被告人廖某某利用公开许某某裸照等方式威胁许某某,先后多次在本市白云区匀禾街新科村地铁施工工地里的厕所、宿舍、许某某经营的士多店内及宾馆等地对许某某实施奸淫。本院认为:廖某某无视国家法律,强奸妇女,其行为触犯《刑法》第二百三十六条第一款之规定,构成强奸罪。

◎案件历程

本案是一起典型的通奸被诬告成强奸的案例。被告人廖某某是搞建筑的农民工,被害人许某某是廖某某所在工地包工头的妻子。许某某不满其包工头丈夫在外乱搞女人,勾搭廖某某,与廖某某通奸,报复其丈夫。东窗事发后,许某某基于丈夫的压力,反口说是被廖某某强奸。因其他因素影响,廖某某被诬告立案为强奸罪。

本律师接受委托后,多次向公安机关、检察院提出无罪意见,建议及时终止诉讼程序,释放廖某某。但没有能担当的正能量及时纠正错误,本案经两次退回补充侦查,最终还是被诉至法院。庭审后,检察院撤回起诉。

◎一审辩护词

辩 护 词

尊敬的审判长、人民陪审员:

广东南方福瑞德律师事务所接受廖某某的委托,指派律师杜均品为其辩护人。辩护意见如下:

本辩护人认为指控廖某某构成强奸罪事实不清、证据不足。廖某某没有实施以公开许某某裸照等任何胁迫手段,威胁许某某发生性关系,完全是在许某某自愿的情况下发生性关系,不符合强奸罪的构成要件;廖某某与许某某在交往过程中互赠礼物、彼此照顾,长期、频繁保持性关系,是通奸关系;许某某与廖某某通奸之事被其丈夫发现后,提出与廖某某中断关系,廖某某虽因报复等原因而实施纠缠行为,但其没有与许某某再发生性关系。因此,自始至终,廖某某都不构成强奸罪。

一、廖某某没有实施以公开许某某裸照等任何胁迫手段,威胁许某某发生性关系,完全是在许某某自愿的情况下发生性关系,不符合强奸罪的构成要件。

所谓强奸罪,本质上就是行为人实施暴力、胁迫或其他手段,迫使妇女不知抗拒、不能抗拒或不敢抗拒,违背妇女意志,强行发生性行为。违背妇女意志和强奸罪的犯罪手段,二者相辅相成,犯罪手段是违背妇女意志的客观外在表现,且违背妇女意志的手段必须达到一定程度,即必须是使妇女处于不能反抗、不知反抗或者不敢反抗的境地。

就本案而言,在案证据不能证实廖某某对许某某实施了暴力、胁迫或其他手段行为,迫使许某某不敢反抗、不知反抗或不能反抗,强行与许某某发生性关系,不符合强奸罪的构成要件。

综观在案证据,首先可以排除廖某某对许某某实施暴力手段;其次,指向廖某某对许某某实施胁迫手段的直接证据,只有被害人许某某一个人的陈述。但其与本案存在利害关系,且其陈述与其他证据相互矛盾,不合情理,不具有真实性,不能证实廖某某对其实施胁迫行为。具体理由如下:

(1)许某某因与廖某某通奸之事被其丈夫发现,为推脱责任,将通奸说成强奸,存在趋利避害的心理和目的。因此,许某某的陈述避重就轻,不具有真实性。

(2) 许某某陈述廖某某对其进行胁迫的内容,没有任何证据印证补强,且与在案其他证据相互矛盾。

根据许某某的供述,廖某某涉嫌胁迫的手段主要有以下几种方式:一是偷拍其洗澡的裸照,如其不从(第一次发生性关系),就将照片乱传给他人(起诉指控主要是依据该理由);二是将其与他发生性关系的事,以及在性过程中拍摄的裸照,告诉他人或她的家人;三是去幼儿园接其小孩,对其小孩不利。

对于廖某某与许某某交往过程,按时间可以划分为两段:

第一阶段是 2009 年 5 月至 2010 年 4 月发生性关系期间;

第二阶段是 2010 年 4 月中断关系之后至案发期间,该阶段廖某某与许某某没有再发生性关系。

强奸罪的构成要件要求,如指控廖某某构成强奸罪,其胁迫手段必须发生在第一阶段。第二阶段无论是否存在胁迫手段,因没有再发生性关系,都不构成强奸罪,也不能依据第二阶段的行为推断第一阶段也存在相同行为。

关于许某某陈述发生在第一阶段的胁迫手段,在案证据不能证实,具体理由如下:

① 关于许某某指证廖某某偷拍其洗澡,并以此威胁如不发生性关系就乱传给他人,没有任何事实根据。

首先,廖某某自归案以来,从未提到在与许某某来往之前,偷拍其洗澡的照片,庭审时,对此断然否定,并表示难以理解。

其次,在案没有任何证据印证补强许某某该说词。至于许某某的丈夫陈某某虽提到廖某某偷拍其老婆洗澡的裸照,但该证言完全来自于许某某所说,系传闻证据,不得作为补强证据。

最后,许某某该说词不合常理。如果廖某某偷拍其洗澡的裸照,该偷拍行为本身系违法行为，许某某完全可以不受此要挟。而许某某认为受此要挟是因为怕她丈夫看到照片，以为他与廖某某有暧昧关系。许某某就因为担心她丈夫的误解，而牺牲自己？孰是孰非，孰轻孰重，昭然若揭！因此，许某某所说的该胁迫手段，根本不存在。

② 关于许某某陈述廖某某将他们发生性关系的事情或者拍摄的裸照发给她的丈夫或家人，没有其他证据予以印证，且与在案其他事实、证据相矛盾。

首先，在案没有任何证据印证补强许某某关于廖某某在第一阶段曾对其实施上述胁迫手段。

其次，廖某某庭审时如实供述，其从来没有以此威胁许某某。他与许某某对彼此之间的关系一直小心保密，没有让任何人知道，也不希望有人知道他们之间的关系。

最后，许某某的表姐许某娣的证言："（廖某某打电话）都是说他喜欢我堂妹许某某的话……并说两人有关系……我问他与许某某有什么关系，他就说反正就有关系，那男子还叫我不要告诉许某某的丈夫知道，他说怕她丈夫知道后会打许某某"，充分说明廖某某根本就不希望其他人，特别是许某某的丈夫知道他们之间的事，也就不可能以此威胁许某某。

对此，公诉人当庭也认为胁迫的手段仅限"公开裸照"，上述其他胁迫手段不在起诉指控之列，即不予认定，也说明了这些事实不存在。

关于廖某某在第二阶段即中断关系后，给许某某及其家人发送照片等事实，与第一阶段发生性关系不具有关联性，不能证实廖某某在第一阶段存在上述胁迫手段。

首先，廖某某发照片的目的，一方面是为了与许某某保持关系并结婚，另一方面也是发泄被许某某利用其报复她丈夫的不满，属于中断后纠缠行为。

廖某某在许某某提出中断关系后，曾为知道许某某的电话号码而打电话给许某某的表姐、堂哥，并发了许某某的照片，但该照片系与许某某洗脚时所拍生活照,是为了让许某娣、许某宽相信他认识并与许某某关系好,而由此获得许某某的手机号码。

廖某某在许某某提出中断关系后,到网上截取性爱图片并发给许某某,是为了发泄被许某某利用其报复她丈夫后的不满。

其次,廖某某在第二阶段即中断关系后,给许某某及其家人发送照片等事实,与本案指控廖某某实施胁迫手段与许某某发生性关系不具有关联性。同时,也不能根据中断关系后廖某某的纠缠行为,推断廖某某曾在第一阶段曾经实施过以发送照片等上述威胁许某某的行为。庭审中,公诉人以此逻辑推断认定廖某某存在胁迫是荒谬的!

关于廖某某逼许某某去开房,否则就要去幼儿园接许某某儿子的事系发生在第二阶段的纠缠行为,与本案指控的第一阶段性关系没有关联性。

首先,该事实系发生在第二阶段。廖某某庭审供述,中断关系在纠缠过程中,确实曾讲过这样的话,但与第一阶段发生的性关系没有任何关系。另外,许某娣的证言"后来许某某说那男子还威胁她说如果她不服从的话就要去幼儿园接走她的两个孩子,我那时就安慰她不要怕",也充分证实是中断关系后发生的事情。与起诉指控2009年5月份与2010年4月份之间的性关系,没有任何关系。至于许某某说发生在2010年3月底,没有任何其他证据印证补强,不能认定。

其次,廖某某说这些话的目的,是为了报复许某某而采取的行为,并不是为了强奸。这从廖某某的供述以及许某娣的证言,都可以看出。

综上所述,许某某陈述廖某某对其实施的胁迫行为,要么空穴来风、无中生有,要么就是发生在中断关系之后,与本案没有任何关系。因此,在案证据不能证实廖某某对许某某实施了胁迫手段。

二、廖某某与许某某之间系通奸关系。

所谓通奸,是指一方或双方都有配偶的男女与他人自愿发生不正当两性关系的行为。通奸与强奸本质区别在于：强奸者同妇女发生性行为违背妇女意志，而通奸者同妇女发生性行为完全是出于妇女自愿。

· 根据本案廖某某与许某某之间的认识过程、性行为发生的时间和频率、来往过程以及案发原因等事实和情节足以证实廖某某与许某某之间系通奸关系。

（1）许某某与廖某某约会发生性关系的原因。一方面是因为许某某与她的婆婆关系不好，她的丈夫又经常在外面与其他女人发生性关系，为了报复她的老公而与廖某某发生性关系。另外一方面，许某某开士多店，其丈夫又经常不在家，廖某某在工地担任仓管员，其妻子又不在身边，两人经常来往，又是老乡，互生爱慕之心。

（2）廖某某与许某某之间约会发生性关系，有时是廖某某联系许某某，有时是许某某主动打电话给廖某某。根据许某某的询问笔录："之后廖某某经常打电话给我，同时我也主动打电话给廖某某"。对此，廖某某庭审中予以供述。庭审中出示的手机通讯也显示两人互相联系。如果许某某是受到廖某某的胁迫，怎么会主动打电话给廖某某与其约会发生性关系？

（3）廖某某与许某某性关系频繁。根据许某某的陈述，其刚开始与廖某某有时一天两次、一天一次，后来几天一次。对此，廖某某庭审时的供述也予以印证。两人如此频繁的性关系，充分说明彼此之间相互依赖，并非一方对另一方的强奸。

（4）廖某某与许某某保持性关系时间长达一年之久。无论是根据廖某某的供述，还是许某某的陈述，都可以认定廖某某与许某某之间长期保持性关系达一年之久。然而，在这么长的过程中，如果是廖某某强奸许某某，为什么许某某没有告发呢？在案证据显示并不存在危及许某某的生命等重大阻碍因素。

（5）廖某某与许某某之间发生性关系的地点，从需付费的宾馆，发展到无需付费的宿舍、士多店、厕所等。廖某某与许某某相好后，一开始经常去外面开房,之后,为了省去费用,只要没有人在时,两人就在宿舍、士多店内、厕所等地点发生性关系。如果是强奸,还需要考虑成本吗?

(6) 廖某某与许某某双方经常互赠礼物。

许某某多次给廖某某买衣服;在 2009 年 12 月 4 日廖某某过生日时,许某某将其钻戒作为生日礼物送给廖某某,廖某某也一直将刻有许某某名字的戒指作为纪念物保存直至 2010 年 9 月 30 日被拘留查获;另外,许某某还以廖某某老婆的名义给廖某某交纳学费。

廖某某每次与许某某约会时,都会问许某某想吃什么,然后给其买好;在许某某堕胎期间,廖某某照顾许某某,为其购买钙片;廖某某为证明其喜欢许某某,还为其购买一套内衣和内裤。

(7) 廖某某与许某某一直保持紧密的、亲密的联系。

庭审中出示的互有主叫与被叫通讯记录,充分说明廖某某与许某某之间经常互相联系。

廖某某与许某某之间除了约会发生性关系外,廖某某回汕头老家,许某某去客运站送廖某某。当廖某某在汕头老家时,许某某经常三更半夜打电话给廖某某。对此,廖某某的妻子廖某甲的证言:"当许某某打电话给廖某某的时候,廖某某都会把手机拿给我看一下,证明是许某某打电话给他的。有一次许某某又三更半夜打电话给廖某某,当时廖某某已经睡着了,所以我就接了那个电话,我跟许某某说大家都是有家庭小孩的人了,我叫她不要再打电话过来了……"充分证实了许某某经常联系廖某某,与其保持亲密关系。

(8) 许某某与廖某某中断关系,是因为其丈夫发现了他们之间的关系。许某某为推卸责任而将与廖某某之间的通奸关系,反口说成强奸。

综上事实与情节,廖某某与许某某之间自始至终都是通奸关系,完全是双方出于自愿发生性关系。

三、本案不存在通奸与强奸相互转化的情节，廖某某自始至终不构成强奸罪。

根据最高人民法院、最高人民检察院、公安部《关于当前办理强奸案件中具体应用法律的若干问题的解答》第三条关于强奸与通奸加以区别需注意的两种不同的情形：

一种是不构成强奸罪的情形：

（1）有的妇女与人通奸，一旦翻脸，关系恶化，或者事情暴露后，怕丢面子，或者为推卸责任、嫁祸于人等情况，把通奸说成强奸的，不能定为强奸罪。

（2）第一次性行为违背妇女的意志，但事后并未告发，后来女方又多次自愿与该男子发生性行为的，一般不宜以强奸罪论处。

另一种构成强奸罪：

（3）犯罪分子强奸妇女后，对被害妇女实施精神上的威胁，迫使其继续忍辱屈从的，应以强奸罪论处。

（4）男女双方先是通奸，后来女方不愿继续通奸，而男方纠缠不休，并以暴力或以败坏名誉等进行胁迫，强行与女方发生性行为的，以强奸罪论处。

就本案而言，根据上述原则和本案事实的论述，首先可以排除廖某某第一次与许某某发生性关系存在以公布许某某洗澡的裸照相威胁的行为，因此，廖某某与许某某之间第一次性行为不属于强奸！

其次，许某某提出中断与廖某某之间通奸关系之后，也就是2010年4月份以后，廖某某虽然存在纠缠行为，但之后，廖某某并没有与许某某再发生性关系。

因此，本案不存在上述关于通奸与强奸相互转化的情形。

综观在案全部事实、证据，本案属于上述不构成强奸罪的第一种情形，即"许某某与廖某某通奸，事情暴露后，怕丢面子，为推卸责任，嫁祸于廖某某,把通奸说成强奸",为此,本案不能定为强奸罪"。

尊敬的审判长、人民陪审员,请不要因为廖某某存在通奸等不道德的行为,而将其定性为强奸;也不要因为许某某作为本案的被害人而轻信其一面之词,因为她不是整个事件真正的被害人。真正的被害人是廖某某的妻子廖某甲——一方面其丈夫被人勾引,遭受着背叛的伤痛;另一方面其丈夫又被追诉羁押需独自承担家庭重任。如果本案关乎人情,请同情廖某某的妻子廖某甲;如果关乎法律,请依法宣判廖某某无罪!

此致

白云区人民法院

广东南方福瑞德律师事务所律师:

年　　月　　日

◎判决结果

检察院撤回起诉。

后　记

回想撰写这本书时,是我人生中面临最大敌人,最大困难的时候,但也是人生中的幸福时刻。那段时日,有战斗,有陪伴,有思考,有总结,也就有了这本书。这本书将永远纪念那段特殊日子,或者有一天我会把那段特殊日子写成一本真正的书。

有时,我在想自己是否深刻的理解刑事案件被告人及其家属的想法、感受,明白他们需要什么,焦虑什么。直到遇到一些人,一些事,甚至将自己置于当事人或家属的位置时,我才真正的感受到卷入刑事程序,受制于司法机关时的那种恐惧,那种焦虑。我们也只有经历了或者正在经历着刑事事件,才真正明白一个家的安宁和圆满是多么的重要。

每每想到此,我就愈发想将自己总结的东西公之于众,也许并不能众所皆知,也不能使刑事案件被告人及其家属真正解脱,但只要能够帮助到一个人,一件事,换取一丝希望,或者帮助平复一下心情,我的出版和大家的心血都有了意义。

我很感谢本书的第二作者于丽玲女士,没有她的强烈要求,我就不会拿出草稿,就不会有这本书的问世;没有她辛勤的劳动,工作之余挤时间加班加点的修改、补写甚至重写,就不会有今天的成功出版。在此,我想说声感谢,也感谢于女士的先生和女儿,谢谢他们的支持。

有人说:读万卷书,不如行万里路,行万里路不如高人引路。有时,我觉得自己真的很幸运,一路走来,遇到很多高人和贵人:

我很感谢我的恩师曹红冰副教授,她是我母校湖南商学院的老师,也是我法律职业的启蒙老师,为人谦和,知识渊博。十年前,非常幸运的得到曹老师的点拨,她让我既要加强理论学习,又要重视实践锻炼,为我的职业道路指明方向!

我很感谢我的师傅文超律师和他的太太——我的研究生导师罗筱琦教授。大家常说人生三大最幸运的事:读书时遇到一个好老师,工作时遇到一个好师傅,生活上遇到一个好伴侣。他们夫妻二人成全了我一生中最幸运的两件事:有个好老师,还有个好师傅。

机缘巧合,非常幸运的认识了北京师范大学的赵秉志教授,更庆幸的是赵教授愿意给拙作作序。赵教授提出:律师应当走向刑事法庭!这是对人权的敬畏,也是对我们年轻律师的鞭策和期许。在此,非常感谢赵教授的支持。

从撰写到出版,时隔近三年。历经三年,有些已被耗尽,有些有了提升。不变的是,我依然挚爱着刑事辩护,依然是恩师所说的那个善良细心、阳光向上的青年,依然有着诗和远方!

杜均品

2015. 12. 15 于广州